Soham Holger Gerull
Chainan Christa Walther

# Sternenfunken

Weisheitsquellen des Lichts



WINDPFERD

Die in diesem Buch vorgestellten Informationen, Anleitungen und Rezepte sind sorgfältig recherchiert und wurden nach bestem Wissen und Gewissen weitergegeben. Dennoch übernehmen Autor und Verlag keinerlei Haftung für Schäden irgendeiner Art, die direkt oder indirekt aus der Anwendung oder Verwertung der Angaben in diesem Buch entstehen.

1. Auflage 2004

Umschlaggestaltung: Marx, Grafik & ArtWork
Illustrationen: Soham Holger Gerull
Texte: Chainan Christa Walther
Lektorat: Silke Kleemann
Quellenangaben zu den Zitaten siehe „Literaturhinweise und Quellenangaben“ auf Seite 106
Herstellung: Schneelöwe, Aitrang
ISBN 3-89385-436-3

Printed in Germany

# Inhalt

*Wie wir das Licht der Sterne nur sehen,*
*wenn die Erdenlichter erloschen sind,*
*so auch werden wir des inneren Lichtes erst gewahr,*
*wenn wir allen äußeren Lichtern unsere Sinne*
*verschlossen haben.*
*Dieses Gewahrwerden des inneren Lichtes,*
*diese Erleuchtung,*
*ist das erste Zeichen des Anbruchs des neuen Tages der*
*Einswerdung:*
*Es ist die Morgenröte,*
*die dem Aufgang der inneren Sonne vorausgeht.*

Meister Eckehart

# Einführung

Liebe Sternenfreunde,

die Idee, ein Sternen-Kartenspiel zu entwickeln, wurde im Herbst 2002 an uns herangetragen.

Wenn ich zurückblicke, erscheint es mir gar nicht so verwunderlich, dass diese Aufgabe auf Soham und mich gemeinsam zugekommen ist; hatte ich doch in den Jahren zuvor in vielen Sommernächten unter dem Sternenhimmel gesessen und andächtig zu den leuchtenden, funkelnden Sternen aufgeschaut, mich in ihre Existenz hineingeträumt und mich geistig mit ihnen verbunden.

Die Sterne haben geantwortet.

Je tiefer wir in die Vision der Sternenfunken eintauchten und unsere Gedanken und Vorstellungen darüber austauschten, umso begeisterter, ja faszinierter waren wir, und umso deutlicher traten die Sternenbilder in Erscheinung. Ein wundersamer, schöpferischer Prozess begann, in dem wir es gewagt haben, die Sterne vom Himmel zu holen.

Sie haben sich in den Sternenkarten manifestiert, die ihr nun hier in euren Händen haltet. Darüber freuen wir uns sehr.

Sternenfunken sind sakrale Energiebilder, die vor allem zur Meditation und Kontemplation einladen. Sie tragen die Botschaft von Weisheit, Liebe und Licht für all diejenigen, die schon immer sehnsuchtsvoll zu den Sternen aufgeblickt haben, für all die Menschen, die sich zur Weite und Tiefe des unendlichen, glitzernden, kosmischen Sternenmeers hingezogen fühlen und den Wunsch in sich verspüren, das Geheimnis der Sterne zu ergründen.

Die Sternenbildnisse, die aus dem mystischen Sternenhimmel auftauchen und euch in diesem Karten-Set begegnen, verbinden uns mit ewig gültigem Weisheits-Wissen, zeitlosen Weisheitslehren und göttlichen Ordnungsprinzipien. Sie führen keine bekannten Sternennamen wie Arkturus, Antares oder Alcyone, und sie sind auch in keinen real existierenden Sternengruppen wie dem Sirius, den Hyaden oder den Plejaden beheimatet.

Es sind vielmehr visionäre, intuitiv empfangene Bilder, die im Sternenkosmos dieses Spiels zum Leben erweckt wurden und in den vielfältigsten Formationen, Farben und Symbolen strahlen.

In ihren feinen, differenzierten Schwingungsfrequenzen berühren diese Sternenbilder unser Inneres, sie berühren uns in unserem Denken und Fühlen. Sie wirken auf uns und spiegeln die uns bereits innewohnenden göttlichen Seinszustände, unsere essentiellen Qualitäten und Fähigkeiten sowie unsere Sehnsüchte.

Es ist unsere Aufgabe, diese göttlichen Wesensqualitäten in uns zu erkennen, sie zu entwickeln und unsere göttliche Natur zu offenbaren. Im Grunde unseres Seins sind wir Lichtwesen, sozusagen Sternengeborene, die eine menschliche Erfahrung machen.

*

Sterne sind strahlende Lichtkörper. Sie sind Sonnen, Lebensspender, deren Strahlungsenergie die atmosphärische Grundlage für die Vielfalt biologischen Lebens auf den Planeten erschafft und diese mit Energie versorgt. Unsere Existenz ist zutiefst mit der Existenz der Sterne verbunden. Das Sternenlicht ist unser Ursprung, wir sind aus dem Licht der Sterne geboren. Leben ist gespeicherte Lichtenergie, es ist abhängig vom Licht und von der Wärme der Sonnen. Durch die Sonne, unseren Stern, wurde das Leben hier auf unserer Erde möglich.

Die Sterne, die wir am nächtlichen Firmament sehen, sind Sonnen, die Lichtjahre von uns entfernt sind. Man kann vermuten, dass sie Leben auch auf den sie umkreisenden Planeten ermöglichen. Durch unsere Sonne konnte sich über Jahrmillionen alles Leben auf unserem Planeten entwickeln, Mineralien, Pflanzen, Tiere und Menschen. Die Erkenntnis, dass wir ohne Sonnenlicht nicht existieren können, lässt uns demütig und dankbar werden. Aus diesem Wissen heraus haben auch die frühen Kulturen dieser Welt, wie die Ägypter, Mayas, Inkas, Azteken und die Naturvölker, im Licht der Sonne das Göttliche angebetet. Das Wissen um ihre existentielle Abhängigkeit von der Sonne war tief in ihrem Sein und ihrer Empfindung verwurzelt und formte ihre Religiosität.

Die Existenz der Sterne, Abertausende, ja Millionen von Lichtjahren von uns entfernt, ihre Anzahl und Lebensdauer, ihre gigantische Größe, ihr Umfang und ihr Gewicht, ihre extremen Temperaturen und ihre hohe Strahlungsintensität gehen weit über unser Vorstellungsvermögen hinaus. Die Sterne im Weltall berühren in uns das Gewahrsein von Unendlichkeit und Ewigkeit. Sie führen uns in Dimensionen, die jenseits unseres verstandesmäßigen Verstehens liegen. Wir können nur versuchen, unser Bewusstsein auszudehnen und zu weiten, um uns für den unfassbaren Raum über uns und um uns, das Weltall, zu öffnen und diese unendliche Größe und Weite in uns wirken zu lassen.

*

Licht als Energie oder Schwingung ist noch weitgehend unerforscht. Es gibt zwei Theorien, bis heute konnte jedoch nicht eindeutig geklärt werden, ob es sich beim Licht um Teilchen oder um Wellen handelt. Licht kann als Teilchen und als Welle definiert werden. Damit kommen wir in einen Bereich, in dem wir den paradoxen Zusammenhang der Polaritäten vereinen müssen, um zu verstehen und zu erkennen: Die Quelle des Lichts ist die Sonne, und die weit entfernten Sonnen sind für uns als Sterne sichtbar, im Gegensatz zum Weltall, dem interstellaren Raum, der in Dunkelheit liegt. Dem Licht der Sonnen stehen die schwarzen Löcher der kollabierten Sterne gegenüber.

In Galaktischen Zentren verringern sich zeitliche Abläufe, um in unmittelbarer Nähe eines schwarzen Lochs fast ganz zum Stillstand zu kommen. Bekannt ist, dass sich die Zeit, wie wir sie wahrnehmen, in der Nähe großer Massen – wie auch den Sonnen und Planeten – verlangsamt. Durch starke Gravitationskräfte wird der Zeitablauf komprimiert. Das Licht wird durch die hohe Schwerkraft in der Nähe der schwarzen Löcher geschluckt, es entsteht eine Zeitlosigkeit, die zur Ewigkeit wird und aus der selbst das Licht nicht entrinnen kann. Je größer die Masse dieser Sternenkörper ist und je geringer der Abstand des Betrachters zu ihnen, um so beeindruckender ist ihre Erhabenheit; der Anblick dieser Sternengiganten lässt uns still und andächtig werden.

Im Gegensatz hierzu stehen die ganz kleinen Teilchen, Mesomen, Leptonen, Tachyonen, die sich mit hoher Geschwindigkeit, ja sogar Überlichtgeschwindigkeit bewegen, zerfallen oder verschwinden, um im selben Moment an einem anderen Ort wieder zu erscheinen. Ihre Existenz dauert oft nur Bruchteile von Sekunden.

Zeitliche Prozesse hängen demnach mit der Dimension der Masse zusammen. Während die kleinen Teilchen absolute Freiheit, gewissermaßen ein anarchistisches Chaos zeigen, schnell und kurzlebig sind, senden große Sternenkörper durch ihre Anziehungskraft eine majestätische Erhabenheit und Stille aus, wie wir sie zum Beispiel auch beim Anblick von großen Bergmassiven empfinden oder auch auf Fotografien wahrnehmen können, die unsere Erde im Weltraum zeigen.

Die archetypischen Grundformen der Sternenkörper sind Kugeln beziehungsweise Kreise und Spiralnebel. In ihrer Einheit, Schönheit und Harmonie haben Sonnen und Planeten allein schon in ihren bildlichen Darstellungen eine die Ewigkeit berührende, tief beeindruckende Wirkung auf uns. Wenn wir uns die Gestalt der Kugel vorstellen, wie sie im unendlichen Raum schwebt, sind wir in unmittelbarem Kontakt mit der Empfindung von Zeitlosigkeit, einer Zeitlosigkeit, die wir auch und vor allem in tiefer Meditation erfahren können.

*

Das Sternenfunken-Set besteht aus 46 Sternenbildern. Jeder Stern hat eine ganz spezifische energetische Ausstrahlung und vibriert in einer ureigenen Schwingung. In seiner bestimmten Energie und Schwingung ist jeder Sternenfunken einem der vielen verschiedenen göttlichen Seinszustände und essentiellen Qualitäten zugeordnet.

Ein Begleittext führt in das entsprechende Thema jedes einzelnen Sterns ein, Zitate und Worte der Weisheit von Mystikern, Meistern und spirituellen Lehrern vertiefen es. Diese können auch Interesse wecken, sich mit weiterführender Literatur zu beschäftigen (siehe auch Literaturhinweise im Anhang).

Darüber hinaus enthält der Begleittext, entsprechend den Sternenthemen, vielseitige Meditationsanregungen.

Um sich auf die Meditationen wirklich einlassen zu können, ist es wichtig, sich in einen Raum zurückzuziehen, in dem man ungestört sein und sich genügend Zeit für den Prozess nehmen kann; Zeit zum Atmen, Zeit, um sich mit den Energiezentren, den Chakren zu verbinden und in sie hineinzuspüren, Zeit zu visualisieren, Zeit zu beobachten und wahrzunehmen und Zeit zu reflektieren, das heißt, was habe ich während der Meditation gefühlt, was habe ich in meinem Körper gespürt, welche Gedanken haben mich bewegt, welche Erkenntnisse sind mir bewusst geworden, welche Einsichten habe ich empfangen, wie fühle ich mich jetzt.

*

Wir wünschen uns von Herzen, dass diese Sternenbilder, mit ihrem jeweiligen Begleittext und den vorgeschlagenen Meditationen, auch euch erfreuen und berühren und euch weise Begleiter auf eurem eigenen inneren Weg der Erkenntnis sein dürfen. Wir hoffen, dass sie neue Einblicke eröffnen und zu neuen Einsichten führen, euch in eurer eigenen Visionssuche unterstützen und euch vielleicht zu eurer wahren Seelenaufgabe hinführen. Mögen sie ganz allgemein zu einer Bewusstseinserweiterung beitragen!

Im Licht und im Frieden der Sterne,
in Liebe und Freude

Chainan und Soham

# *Zur Anwendung der Karten*

Grundsätzlich steht es dir völlig frei, wie du mit den Karten „spielen“ möchtest und wie du sie für dich verwendest. Einige Vorschläge möchten wir hier jedoch gerne machen.

Benutze die Karten aufmerksam und bewusst. Nimm dir Zeit und lass dich auf sie ein. Habe Freude an deinem spielerischen Dasein und öffne dich für die weisen Botschaften, Erkenntnisse und Einsichten, die die Sternenkarten für dich bereithalten.

1. **Nutze die Sternenkarten zur Meditation und inneren Einkehr:**
   Ziehe aus dem Set eine Karte, deine Meditationskarte für den Tag. Dies kannst du für einige Zeit täglich als Ritual fortführen. Trage das Sternenbild bei dir. Vielleicht hast du auch Freude daran, die angeregte Meditation zu praktizieren.

2. **Ziehe eine Karte zu einer für dich wichtigen Frage:**
   Schließe deine Augen, lenke deine Aufmerksamkeit nach innen. Während du die Karten mischst, bringe dein ganzes Wesen in die Sterne ein und verbinde dich mit ihnen. Breite die Karten wie einen Fächer verdeckt vor dir aus, halte die Frage in deinem Bewusstsein und ziehe aus dem unendlichen Sternenhimmel deinen Stern. Lasse das Sternenbild auf dich wirken, fühle dich in die Schwingung und Energie des Sterns ein. Öffne dich für das, was der Stern dir sagen will.
   Lies dann den Text zu deinem Stern, lass die Worte auf dich wirken, schaue und fühle, ob das Thema mit deiner

Frage oder momentanen Lebenssituation in Verbindung steht. Lass dich über den Tag von diesem Stern begleiten, inspirieren und leiten. Vielleicht magst du auch mit Hilfe der einen oder anderen bewusstseinserweiternden Methode noch tiefer auf deine Frage eingehen.

3. **Wo stehst du zur Zeit?**
   Ziehe drei Karten, gehe dabei wie gerade beschrieben vor.
   Einen Stern ziehst du für die Vergangenheit – für das, was dein Thema war, was dich bewegt hat. Den zweiten Stern ziehst du für die Gegenwart – das, was zur Zeit dein Thema ist, was du erkennen und lernen sollst. Der dritte Stern ist der Zukunftsstern – was ist zukünftig für dich wichtig, wohin musst du deine Bewusstheit lenken, worauf musst du achten. Halte deine drei Sterne in deinem Bewusstsein. Um dich zu erinnern, kannst du die Karten auch für einige Zeit aufgedeckt liegen lassen.
   Praktiziere die empfohlene Meditation des Sterns, den du für die Gegenwart gezogen hast.

4. **Spiele mit einem Partner, einer Partnerin:**
   Macht es zu einem meditativen Ritual, kreiert euch einen schönen, stillen Raum, setzt euch gegenüber, schließt die Augen und lenkt eure Aufmerksamkeit nach innen. Partner I: Mische nun die Karten aufmerksam und bewusst dreimal, lass dabei dein ganzes Wesen, deine eigene Energie in die Karten einfließen; breite die Karten fächerförmig bedeckt vor dir aus, wähle eine Karte und lege sie bedeckt vor dich. Partner II: Wiederhole für dich diesen Prozess, mische die Karten dreimal, wähle deinen Stern und lege ihn bedeckt vor dich. Schließt beide erneut für einen Moment die Augen. Partner I deckt nun seinen

Stern auf. Lasst das Sternenbild gemeinsam auf euch wirken. Während Partner I den Text zu seinem Stern vorliest, schließt Partner II wieder seine Augen; seine Aufmerksamkeit ist ganz bei seinem Gegenüber. Lasst auch den Text für einen Moment auf euch wirken.

Nehmt euch Zeit und wiederholt das gleiche Ritual für Partner II. Tauscht euch abschließend über eure Sterne, ihren Inhalt und ihre Wirkung auf euch aus. Vielleicht wollt ihr auch gemeinsam eine der empfohlenen Meditationen praktizieren.

Statt zu meditieren, könnt ihr auch eine dritte Karte gemeinsam ziehen, die für das übergeordnete Dritte in eurer Beziehung, in eurer Partnerschaft steht, für das, was eure Gemeinschaft trägt, was eure Beziehung vertieft, was euch gemeinsam seelisch-geistig weiterwachsen lässt.

Setzt euch zusammen, legt eure Hände übereinander, schließt eure Augen und lenkt eure Aufmerksamkeit auf eure Hände, spürt wie sie sich berühren und lasst eure Energie in die Hände fließen. Wenn ihr das Gefühl habt, dass die Hände mit genügend Energie angefüllt sind, zieht gemeinsam, ganz aufmerksam und bewusst, die dritte Karte für euch zusammen.

# *Die mystischen Sternenkörper*

*– die fünf Platonischen Körper und die fünf heiligen Elemente*

Die Sternenkörper zeigen die fünf Platonischen Körper, Dodekaeder, Oktaeder, Tetraeder, Ikosaeder und Hexaeder; ihnen sind die fünf heiligen Elemente zugeordnet. Unsere fünf Sinne sind gleichermaßen mit ihnen verbunden.

Die Platonischen Körper – benannt nach Plato, einem griechischen Philosophen der klassischen Antike – gelten als die geometrischen Bausteine der Schöpfung. Man vermutet, dass alle Strukturen unserer dreidimensionalen Welt auf der Geometrie dieser fünf grundlegenden Körper aufbauen.

Die Form eines jeden Platonischen Körpers setzt sich jeweils aus gleichen, regelmäßigen Flächen zusammen. Die Körper bestehen entweder nur aus gleichseitigen Dreiecken, wie Oktaeder, Tetraeder und Ikosaeder, oder nur aus Quadraten wie der Hexaeder, oder nur aus gleich großen Fünfecken wie der Dodekaeder.

Sternenkörper Dodekaeder

## *Element Äther*

Der Sternenkörper Dodekaeder steht für das Element Äther, den Raum, der alles miteinander verbindet. Er ist der gleichmäßigste, harmonischste der Platonischen Körper, da er der archetypischen Form der Kugel am nächsten kommt. Gleichzeitig ist das Element Äther/Raum für uns kaum wahrnehmbar. In der indischen Philosophie wird das Wahrnehmen dieses Elements mit dem Hören des Klanges Om beschrieben. Wir können den Äther/Raum nur mit unserem Hörsinn wahrnehmen; er gleicht dem tausendblättrigen Lotus oder einem unendlich großen, facettierten Kristall, der Alles enthält, alle Möglichkeiten und alle Dimensionen, alle Zeit und alle Formen. Er ist das Allumfassende und gleichzeitig das Nichts; er ist die Dimension, in der sich die manifestierte, für uns wahrnehmbare Energie der Materie befindet, die unserer Seele und unserem Geist als Körper dient.

Das Element Äther verkörpert die Eigenschaften:
verbindend, speichernd, vereinend, harmonisierend, umhüllend, ordnend, integrierend, sinnlich, unendlich, ewig, formlos, durchlässig, ätherisch.

Sternenkörper Oktaeder

## *Element Luft*

Der Sternenkörper Oktaeder ist dem Element Luft zugeordnet, das wir mit zwei Sinnen: Hören und Fühlen, wahrnehmen können. Das Element Luft ist nicht sichtbar; es ist geschmack- und geruchlos, vorausgesetzt, es trägt keine anderen Substanzen mit sich.

Das Element Luft verkörpert die Eigenschaften:
bewegend, überraschend, weitend, spontan, kreativ, geistig.

Sternenkörper Tetraeder

## *Element Feuer*

Der Sternenkörper Tetraeder steht für das Element Feuer, das wir mit drei Sinnen wahrnehmen können; wir können das Feuer Hören, Fühlen und Sehen. Der Tetraeder ist der

Platonische Körper mit den wenigsten Flächen, Kanten und Ecken, jedoch sind die Kanten am schärfsten und die Ecken am spitzesten, wodurch das transformierende Element Feuer am besten versinnbildlicht wird.

Der Tetraeder steht in der Reihung der Platonischen Körper in der Mitte und verkörpert das Licht und die Wandlung.

Das Element Feuer verkörpert die Eigenschaften:
transformierend, wandelnd, wärmend, auflösend, licht, energetisch, männlich, aktiv.

Sternenkörper Ikosaeder

## *Element Wasser*

Der Sternenkörper Ikosaeder ist dem Element Wasser zugeordnet, das durch die vier Sinne: Hören, Fühlen, Sehen, Schmecken wahrnehmbar ist. Luft-Oktaeder und Wasser-Ikosaeder sind Nachbarn des Feuers, des Tetraeders. Diese drei Körper sind alle aus gleichschenkligen Dreiecksflächen gebildet, die zugeordneten Elemente Luft und Wasser entsprechen den beweglichen Aggregatzuständen flüssig und gasförmig; das Feuer entspricht keinem Aggregatzustand, es verändert und verwandelt die Stoffe.

Das Element Wasser verkörpert die Eigenschaften:
fühlen, loslassen, empfinden, fließend, lösend, reinigend, passiv.

## Element Erde

Der Hexaeder verkörpert das Element Erde; es ist das stabilste Element, das wir mit all unseren fünf Sinnen wahrnehmen können: Hören, Fühlen, Sehen, Schmecken und Riechen. Die dem Erdelement innewohnende Energie ist von allen Aggregatzuständen am unbeweglichsten, kältesten, dunkelsten; die Bindungskräfte des Elements Erde sind am stärksten, im Gegensatz zum Plasma, das so schnell schwingt und so heiß ist, dass es kaum noch Bindungskräfte hat.

Das Element Erde verkörpert die Eigenschaften: stabilisierend, tragend, versorgend, nährend, aufbauend, manifestierend, weiblich, empfangend; es ist materielle Form.

## Einem mystischen Sternenkörper begegnen

Wenn du bei deiner Kartenwahl einen der mystischen Sternenkörper aufgedeckt hast, so bist du aufgefordert, dich auf das entsprechende Element des Sternenkörpers tiefer einzulassen und dich mit der Energie dieses Elements in besonderer Weise zu verbinden. Du kannst zum Beispiel deinen Raum mit einer Abbildung dieses Elements energetisch unterstützen und verändern; für die Energie des Elements Wasser könnte es ein Wasserfall sein, ein reißender Fluss, ein stiller See oder die Wellen des Meeres, für das Element Feuer könnte es das Bild eines Vulkanausbruchs sein oder das Bild einer Flamme, für das Element Luft ein klarer, blauer Himmel und für das Element Erde ein Berg, Fels oder Canyon.

# *Die fünf Sternenkörper*

Dodekaeder

Oktaeder

Tetraeder

Ikosaeder

Hexaeder

Wann immer du Zeit hast, gehe in die Natur; hier kannst du dich direkt mit den Elementen verbinden, du wirst unmittelbar von ihnen berührt und von ihnen genährt, gestärkt, angeregt und gereinigt.

Wenn du möchtest, kannst du auch noch eine weitere Sternenkarte ziehen und sie in Verbindung mit der Elementkarte sehen. Die mystischen Sternenkörper, mit den Eigenschaften der Elemente, geben dir den Hinweis, wie du die Sternenkarte auslegen kannst und wie das Thema dieses Sterns durch die Elementkarte unterstützt werden kann:

Ziehst du beispielsweise die Elementkarte Sternentetraeder – Element Feuer – in Verbindung mit dem Stern der Achtsamkeit, so weist das Feuerelement dich darauf hin, dich besonders intensiv in Achtsamkeit zu üben. Feuer ist eine aktive Energie, die deine Achtsamkeit verstärkt.

Ein weiteres Beispiel könnte die Elementkarte Sternenhexaeder – Element Erde – sein. In Verbindung mit dem Stern der Visionen unterstützt das Element Erde die Verwirklichung und Manifestierung deiner Vorstellung. Fühle dich in die Eigenschaften des Elements Erde ein, verbinde dich, während du deine Vision hältst, mit der Erde und nimm ihre kraftvolle, vitale, lebensspendende Energie in dir auf.

# Die Sternenkarten

## 1
## Stern des Friedens

# *Friede sei mit dir*

Aus Franz von Assisis Bitte „Herr, mach mich zu einem Werkzeug deines Friedens“ spricht ein tiefes Herzensanliegen. Der Stern des Friedens erinnert uns an diesen tiefen Wunsch nach Frieden. Unser Sehnen nach innerem und äußerem Frieden wird uns den Weg weisen und uns leiten. Eine wesentliche Voraussetzung für die Erfüllung unseres Wunsches ist es, uns mit Geduld zu begegnen und Liebe uns selbst gegenüber zu entwickeln. Wir müssen Frieden mit uns selbst schließen, mit all unseren ungeliebten Anteilen, um mit uns selbst in Einklang zu kommen.

Wisse, der Friede beginnt in dir. Damit du deinen Seelenfrieden erlangst, ist es notwendig, dich von alten Mustern und Konditionierungen zu lösen, die deiner Selbstliebe und Selbstakzeptanz im Wege stehen. Der Frieden im Außen kann sich nur manifestieren, wenn er auch in dir ist. Finde Wege, die dich unterstützen und dir helfen, dich bewusst auf Frieden auszurichten.

Vertraue auf deine eigene geistige Führung und den himmlischen Schutz, den das Blau des Friedens dir gibt. Es lässt dich in dein Wesen hinein entspannen und schenkt dir den notwendigen Gleichmut, die Balance und Ausgeglichenheit für dein friedvolles Sein und Handeln in der Welt.

Der Friedensstern macht dir die Fülle in der Leere bewusst, den Reichtum in der Stille und erinnert dich an dein ewiges Leben im unendlichen Raum.

*Es gibt drei Ebenen, auf denen der Mensch beheimatet ist. Niemand kann zu dem Einen gelangen, der nicht den Engel des Friedens in allen dreien erkannt hat. Es sind dies die Ebenen des Körpers, der Gedanken und der Gefühle.*

Das Friedensevangelium der Essener

**Anregung zur Meditation:**

Verbinde dich mit der Stille und Harmonie, die der Stern des Friedens ausstrahlt. Schließe deine Augen. Atme ein mit dem Gedanken an Frieden, visualisiere eine hellblaue Kugel des Schutzes, in die du dich selbst, all deine Lieben, die Erde einhüllst, was auch immer du möchtest, beziehe es in deine Friedensgedanken mit ein. Atme aus mit dem Gedanken an Frieden und lasse mit dem Ausatmen alles los, was deinem Gefühl von Frieden im Wege steht.

2

## Sternenlotus

# *Wahrheit des Herzens*

Unser Herz ist die Quelle unserer Liebesfähigkeit und unseres Mitgefühls. Das Herz ist der große Transformator, es ist der Ort in uns, das Energiezentrum, das fähig ist, all die negativen Energien und Schwingungen, die täglich auf uns einwirken, zu transformieren und in positive Energien umzuwandeln. Alles Leid, Schmerz und Trauer, die wir in uns tragen, können wir unserem Herzen übergeben. Wenn wir bereit sind, unseren Schmerz noch einmal in der Tiefe zu fühlen, ist Heilung möglich. Unser Herz kann wieder weit werden, sich öffnen und empfänglich werden. Verstehen und Verzeihen breiten sich in uns aus.

Der Sternenlotus spiegelt dein weites, lichtes Herz; er erinnert dich an die Reinheit, Sanftmut und unendliche Liebesfähigkeit deines eigenen Herzens. Indem du dich ganz für die Liebe zu dir selbst öffnest, öffnet sich dein Herz der bedingungslosen Liebe und dem Mitgefühl für deine Mitmenschen, ja zu allem Lebendigen, der gesamten Existenz.

Sieh diese lichte, zarte, sanfte und nährende Qualität, die im Rosa deines Herzenslotus verborgen liegt. Erkenne die Wahrheit deines reinen Herzens, seine Natürlichkeit und Unschuld und lass den Sternenlotus in deinem Herzen erstrahlen.

*Wirkliche Transformation findet nur über das Herz statt, wer sich fest im Herzen verankert, geht den Weg der Eingeweihten.*

Thomas Young

**Anregung zur Meditation:**

Bring deine Aufmerksamkeit zu deinem Herzzentrum und atme dabei tief in dein Herz hinein. Nimm den momentanen Zustand deines Herzens wahr. Fühlt es sich weit an oder eng?

Hast du ein Gefühl der Schwere, liegt eine Last auf deinem Herzen? Oder fühlt es sich leicht und unbeschwert an?

Spüre mit dem Einatmen die momentane Energie in deinem Herzen und erinnere dich beim Ausatmen an die wahre Natur deines Herzens, an deine alles umfassende Liebesfähigkeit, die wärmende, liebende, nährende, mitfühlende Qualität deines Herzens.

3

Stern der Bewusstheit

# Erwache in deine wahre Natur

Mit seiner Klarheit und seinem leuchtenden Zentrum erinnert uns der Stern der Bewusstheit daran, uns in unserem göttlichen Selbst zu erkennen und in unsere Buddhanatur zu erwachen, unsere wahre Wesensnatur.

Das Wort Buddha stammt aus der Sanskrit-Wurzel „Buddh"; sie bedeutet Bewusstheit. Damit sind wir aufgefordert, unser Leben in jeder Sekunde mit Aufmerksamkeit, Klarheit, Wachheit und Bewusstheit zu durchdringen. Auf unserem Weg zu Bewusstheit und Erwachen sind uns die Fragen: Wer bin ich, woher komme ich, wohin gehe ich, warum bin ich hier? richtungsweisende, hilfreiche Begleiter.

Solltest du gerade wieder einmal „eingeschlafen" sein, werde dir erneut dieser essentiellen Fragen bewusst und erforsche dich selbst und das Leben weiter. Lenke deine Aufmerksamkeit zu dem Beobachter in dir und nimm alles wieder bewusster wahr. Lasse das Licht der Bewusstheit dein Sein erleuchten.

*Bewusstheit ist die einzige Methode – lasst mich wiederholen: die einzige Methode, die alle Konditionierungen an der Wurzel abschneiden und dich aus dem Gefängnis befreien kann, in dem du lebst. Es geht wirklich nur darum, immer bewusster zu werden; nichts anderes kann dir helfen.*

*Bewusstheit kann dir auf zwei Arten helfen:*

*Zuerst hilft sie dir, deine Konditionierungen loszulassen, und dann wird sie dir helfen, Mittel und Wege zu finden, dein Leben zu leben.*

*Bewusstheit ist der einzige Weg, dich von den Konditionierungen zu befreien, und der einzige Weg, einen neuen Lebensstil zu finden, eine neue Vision für dein Leben.*

Osho

4

Königsstern

# *Das Salomonsiegel, Weisheit des Herzens*

Im Siegel des König Salomon zeigen sich zwei Dreiecke, die sich überlagern und durchdringen. Das irdische Dreieck, das mit der Materie in Verbindung steht – es hat die Basis auf der Erde und zeigt mit der Spitze nach oben –, und das göttliche Dreieck – es hat die Basis im Himmel, zeigt mit der Spitze nach unten und ist Ausdruck für das geistige Prinzip.

Das Salomonsiegel offenbart uns die Qualitäten dieser beiden Prinzipien und ihre Verbundenheit: den göttlichen Geist der bewegenden Energie und die Materie, die den Geist trägt und von ihm geformt und bewegt wird. Das Salomonsiegel symbolisiert das Herzzentrum, das die Mitte unserer sieben Energiezentren einnimmt. Damit ist der Königsstern ein Symbol für Harmonie und Balance zwischen geistiger und materieller Welt, ein Zeichen der Vereinigung von Himmel und Erde durch die Weisheit unseres Herzens.

Vielleicht spürst du die beruhigende, sanfte und ausgeglichene Schwingung, die das Salomonsiegel aussendet. Öffne dich für diese Schwingung und lass dein liebevolles Herz dein Denken und Handeln leiten.

*Man sieht nur mit dem Herzen gut,*
*das Wesentliche bleibt für das Auge unsichtbar.*

Antoine de Saint-Exupéry

**Gleichnis**

König Salomon war aufgefordert, ein Urteil zu fällen. Zwei Frauen stritten um einen Säugling. Beide behaupteten, die Mutter des Kindes zu sein. Da sich die Frauen nicht einigen konnten, fällte der weise König das Urteil, das Kind mit dem Schwert in zwei Hälften zu teilen. Durch dieses grausame Urteil offenbarte sich das Herz der wahren Mutter. Sie flehte den König an, von dieser Entscheidung abzusehen und das Kind der anderen Frau zuzusprechen.

5

Stern der Achtsamkeit

# *Bringe dem Leben Achtung entgegen*

Achtsamkeit bringt uns sofort in den Augenblick des Hier und Jetzt. Der Stern der Achtsamkeit fordert uns auf, unserem Leben mit Achtung zu begegnen; achtsam zu sein in all unseren Handlungen, in unseren Worten, in unseren Entscheidungen, achtsam zu sein auch in den kleinsten Tätigkeiten. Im Zustand der Achtsamkeit zu sein ist eine Meditation, die du in jedem Moment deines Lebens praktizieren kannst. Dein Atem spielt dabei eine wesentliche Rolle. Die bewusste Wahrnehmung des Ein- und Ausatmens beruhigt deinen Geist. Die Anerkennung und Achtsamkeit, die du deinen Gedanken und Gefühlen entgegenbringst, führt dich zu Frieden, Stille und Freude in dir. Sie hilft dir, zu einem ruhigen Herzen und einem klaren Geist zu finden. Achtsamkeit unterstützt dich darin, bewusster und liebevoller zu werden und lehrt dich, Mitgefühl für dich selbst und andere Wesen zu empfinden.

Die liegende Acht, die Lemniskate, ist ein Symbol für Unendlichkeit. Unendlichkeit ist für uns nahezu „unfassbar". Sie ist eine Dimension, in die wir uns einfühlen müssen, um ihr unbegrenztes ewiges Sein erahnen zu können. In der Vorstellung dieses ewigen Seins können wir nur tiefe Achtung empfinden. Wir sehen das Wunder und die Schönheit dieser Welt, unseres eigenen Lebens, der gesamten Existenz und empfinden Demut und Dankbarkeit.

*Achtsamkeit ist das Wunder, mit dessen Hilfe wir Herr unserer selbst werden und uns erneuern können. Sie ist das Wunder, das auf einen Schlag unseren zerstreuten Geist zurückrufen kann und ihn wieder ganz werden lässt, sodass wir jede Minute unseres Lebens leben können.*

Thich Nhat Hanh

**Anregung zur Meditation:**

Was auch immer du gerade tust, genau in diesem Moment beginne dich in Achtsamkeit zu üben. Widme diesen Tag der Achtsamkeit, lenke deine Aufmerksamkeit ganz bewusst auf deinen Atem, auf all deine Handlungen, deine Worte. Sei achtsam mit dir und deinen Mitmenschen. Nimm die Achtung und Dankbarkeit wahr, die du für dein Leben und die gesamte Existenz empfindest. Sieh die Zentriertheit, Klarheit und Freude, die durch deine Achtsamkeit in dir hervorgerufen wird.

6

Stern des Mutes

# *Vertraue dir und traue dich*

Mutig zu sein bedeutet unser Ja zur Veränderung; es bedeutet trotz all unserer Ängste, die Wachstumsherausforderungen unseres Lebens anzunehmen und uns zu trauen, neue Wege zu gehen. Wir haben den Mut, Altes und Vertrautes hinter uns zu lassen und in das Neue, Unbekannte zu springen. Um unsere Ängste und Widerstände überwinden zu können, müssen wir nur auf uns selbst und die Existenz vertrauen.

Wir folgen dem Fluss des Lebens, sind offen und empfänglich für den ekstatischen Wandel in unserem Leben. Ohne unsere mutigen Schritte würden wir auf der Stelle treten und uns seelisch und geistig nicht weiterentwickeln.

Habe den Mut, alles hinter dir zu lassen, was deiner Entwicklung und Ausdehnung im Wege steht und nicht im Einklang mit deiner Wahrheit ist.

*Du kannst nicht aufrichtig sein, wenn du nicht mutig bist.*
*Du kannst nicht liebevoll sein, wenn du nicht mutig bist.*
*Du kannst nicht vertrauen, wenn du nicht mutig bist.*
*Du kannst die Wirklichkeit nicht erkunden, wenn du nicht mutig bist.*
*Deshalb ist Mut das Wichtigste. Alles andere folgt von selbst.*

Osho

**Anregung zur Meditation:**

Schließe deine Augen, geh nach innen, atme tief in dein Herz hinein.

Sei bereit, Bilder und Gedanken zu deinem eigenen Mutigsein in dir aufsteigen zu lassen. Schaue dir einfach deine Ängste urteilsfrei an.

Sieh deine momentane Situation:

Wo bist du mutig, wo traust du dich nicht?

Wo musst du mutige Schritte tun und Entscheidungen treffen?

Traue dich!

7

Stern der Lebensfreude

# *Zelebriere deine Energie*

Lebensfreude empfinden zu können ist ein Geschenk Gottes. Voller Freude zu sein ist unser Geburtsrecht, es ist unser natürlicher Seinszustand. In unserem Inneren liegt unsere Freude als essentielle Qualität verborgen und wartet nur darauf, von uns gelebt und ausgedrückt zu werden. Wenn wir in friedvollem Einklang mit uns selbst und der Welt sind, nehmen wir die Freude in uns wahr, sie ist einfach da, wir brauchen nichts dafür zu tun. Unsere Lebensfreude ist Nahrung für unsere Seele. Eine unserer Seelenaufgaben ist es, unsere Freude hier auf Erden zu leben und an unsere Mitmenschen weiter zu schenken.

Der Stern der Lebensfreude führt dich in den inneren Raum deiner Freude, zu dem ekstatischen Potential deiner überschäumenden Lebensfreude, deiner spontanen Freude im Spiel des Lebens.

Öffne dich für all die wunderbaren, kostbaren Augenblicke und farbenfrohen Aspekte in deinem Leben, die Momente des Glücksgefühls und des lebensbejahenden Freudentaumels. Erfreue dich an dir selbst, an deinen Gaben und Fähigkeiten, einfach an dem Geschenk deines Daseins. Erlaube dir das ganze Regenbogenspektrum deines reichen Lebens zu genießen und erfreue dich auch an den kleinen Dingen.

*Geht zur Quelle, bis ihr Gott fühlen könnt;*
*dann werdet ihr im Innern*
*den gewaltigen, sprudelnden Quell*
*des Lebens und der Freude finden.*

Paramahansa Yogananda

**Anregung zur Meditation:**

Wann immer du ein Gefühl der Freude in dir aufsteigen fühlst, egal wodurch dieses Gefühl ausgelöst wird, verweile mit der Freude, dem Glücksgefühl, der Seligkeit. Konzentriere dich ganz auf die Freude, fühle sie ganz bewusst, sei ganz erfüllt davon und bleibe in deinem Gefühl, deiner Seligkeit zentriert.

8

Seelenstern

# *Mit deiner Seele im Einklang*

Alle Weisheitslehren sprechen von der Existenz der Seele. Wir sind nicht nur Materie, wir sind vor allem Seele und Geist. Die Aufgabe unserer Seele ist es, sich weiterzuentwickeln. Sie sehnt sich danach, sich zu vervollkommnen, um nach Hause zurückkehren zu können, in die Einheit, zu Gott. Die Seele wird dabei von dem uns innewohnenden schöpferischen göttlichen Geist in ihrem Wachstum angeregt und gefördert. Unsere Seele ist im achten Chakra verankert, das sich etwa 30 cm über dem Kronenchakra außerhalb des Körpers befindet.

Der Seelenstern erinnert uns an unseren wahren göttlichen Wesenskern und unsere Seelenaufgabe. Er macht uns bewusst, dass unser irdisches Leben einen Sinn und Zweck hat. Alles, was wir in dieser Inkarnation hier auf Erden verwirklichen wollen, ist in unserer Seele gespeichert.

Öffne dein Bewusstsein für deine Seele und lass die Weisheit und Intelligenz deiner Seele mehr und mehr in dein Leben einfließen.

Lerne auf deine Seelenbotschaften zu hören.

*Die Seele ist ein „Funke" aus Gottes Seele ...*

*Der Mensch ist ein „Abbild Gottes". Seine Seele spiegelt in allen Einzelheiten den Kosmos. Und da der Kosmos in einem gewissen Sinne eine Erscheinungsweise Gottes ist, spiegelt die Seele des Menschen, „Gottes Wesen".*

Alexander Gosztonyi

**Anregung zur Meditation:**

Schließe deine Augen, lenke deine Aufmerksamkeit auf deinen Energiekanal, der von der Basis der Wirbelsäule bis hoch in den Kopf führt und dich zwischen Himmel und Erde ausrichtet. Sammle deine Energie in deinem Wurzelchakra, atme die Energie mit einem tiefen Atemzug von der Basis hinauf zu deinem Kronenchakra auf der Mitte des Kopfes. Du kannst dir das Kronenchakra wie eine geöffnete Blüte vorstellen, die bereit ist zu empfangen. Halte die Energie dort einige Minuten. Atme jetzt die Energie noch weiter hinauf zum achten Chakra, dem Ort deines höheren Bewusstseins, deiner Seele. Spüre die feine Energie von Licht und Liebe, die an diesem Seelenort schwingt.

Verweile an diesem Ort, solange wie es sich gut für dich anfühlt.

Lenke deine Aufmerksamkeit dann langsam wieder hinunter durch das Kronenchakra, das Herzchakra in dein Wurzelchakra und verankere dich in der Erde. Öffne langsam deine Augen und fühle dich zwischen Himmel und Erde ausgerichtet und mit beiden verbunden.

9
Stern der Gnade

# *Sei bereit zu empfangen*

„Gegrüßet seist du, Maria, voll der Gnade, der Herr ist mit dir ...“

so beginnt ein Gebet. Voll der Gnade zu sein bedeutet, ein weites, offenes, liebendes Herz zu haben, ein Herz voller Hingabe, Demut, Dankbarkeit und Mitgefühl. Ob wir uns dessen bewusst sind oder nicht, der Stern der Gnade strahlt für uns. In seinem Segen ist er immer für uns da. In welcher Lebenssituation wir uns auch befinden mögen, mit unserem offenen Herzen und unserer inneren Einsicht wird es uns möglich sein, diesen warmen, lichterfüllten Gnadenstrom aus Liebe und Mitgefühl wahrzunehmen und in Demut und Dankbarkeit zu empfangen.

Kannst du dich erinnern, in deinem Leben schon einmal bewusst die göttliche Gnade erfahren zu haben?

Was auch immer dir geschieht, es kommt auf deine innere Erkenntnis und einsichtige Bereitschaft an, den Segen der Gnade in deinem Leben wahrzunehmen und dankbar anzunehmen.

Unser Leben, ja, die gesamte Existenz ist voll der Gnade.

*Wechselnde Pfade*
*Schatten und Licht*
*Alles ist Gnade*
*Fürchte dich nicht*

Verfasser unbekannt

**Anregung zur Meditation:**

Schließe deine Augen und atme einige Male tief in dein Herz hinein.

Lenke nun deine Aufmerksamkeit zu dem Ort deiner Seele, dem achten Chakra, etwa 30 cm über deinem Kronenchakra. Während du mit deiner Bewusstheit in dieser Seelenverbindung verweilst, falte deine Hände vor deinem Herzen und verneige dich, mit einem tiefen Gefühl von Demut und Dankbarkeit vor allem Göttlichen, dem Göttlichen in dir, deinen Mitmenschen, der gesamten Existenz. Empfinde die Gnade deines Lebens und fühle dich gesegnet.

## 10
## Stern der Entscheidung

# *Die Verantwortung liegt bei dir*

Der fünfzackige Stern, das Pentagramm, wird als Symbol des Menschen, der „beseelten Materie“ gesehen. In einer Abbildung Leonardo da Vincis ist der Mensch im Pentagramm dargestellt.

In seiner „Fünfgliedrigkeit“ – Arme, Beine, Kopf – ist er durch die Mittelachse des Pentagramms ausgerichtet zwischen Himmel und Erde. Der Kopf zeigt in Richtung Himmel und die Arme sind auf der Herzebene weit geöffnet. Als Menschen sind wir, im Rahmen der karmischen Gesetze, grundsätzlich frei in unserem Handeln und in unseren Entscheidungen. Wir können wählen, ob wir unser Leben geistig, dem Himmel zugewandt ausrichten oder uns nur erdgebunden der Materie zuwenden. Wie auch immer wir uns entscheiden, das Eine kann nicht ohne das Andere existieren.

Der Stern der Entscheidung weist darauf hin, dass die Materie auf ewig mit dem Geist verbunden ist. In dieser zeitlosen Verbindung ist es deine freie Entscheidung und liegt ganz in deiner Hand, wie du dein Leben gestaltest. Dein Bewusstsein, deine Erkenntnis, dein Wissen bestimmen dein Handeln in deinem jetzigen Leben wie auch in deinen künftigen.

Du hast die Freiheit der Entscheidung, jedoch auch die Verantwortung.

Der Stern der Entscheidung fordert dich auf, dein Leben aufmerksam und bewusst auszurichten, auf deinen Willen, deine Absichten und deine Ziele zu achten, um deinen Lebensplan hier auf der Erde manifestieren und erfüllen zu können.

Erkenne dich als göttliches Wesen, ausgerichtet zwischen Himmel und Erde – mit einem freien Willen.

*Die Entscheidung liegt bei dir, eine einzige Brücke zu schlagen, welche direkt zur spirituellen Welt führt, und die unzähligen Bande aufzulösen, die dich an Vergangenes binden. Auch liegt bei dir die Entscheidung, dich zu öffnen zur Übermittlung des Lichtes der schöpferischen Einheit.*

Trigueirinho

**Anregung zur Meditation:**

Visualisiere den Fünfzackstern und stelle dir vor, wie du selbst in dieser Form des Pentagramms mit beiden Beinen fest auf der Erde stehst. Verankere dich in der Erde und nimm die Energie der Erde in dir auf. Verbinde dich in deinem Bewusstsein mit dem unendlichen Raum über dir. Fühle, wie du mit deinen geöffneten Armen und deinem Herzen Himmel und Erde umarmst und in dir vereinst.

## 11
## Stern der Klarheit

# *Sei wie ein Diamant, kristallklar*

Die kristallklare Ausstrahlung dieses Sterns erweckt in uns den Wunsch nach Reinheit, Klarheit, Frieden und Wahrhaftigkeit. Um diese Qualitäten in unserem Leben, in uns selbst, in unserer Umgebung und in unseren Beziehungen zu anderen Menschen zur Wirkung bringen zu können, ist ein tiefer innerer und äußerer Reinigungsprozess notwendig.

Wir bemühen uns, uns von unseren eigenen emotionalen Blockaden und negativen Gedanken sowie der negativen Beeinflussung zu befreien, die von außen auf uns einwirkt. Wir müssen unsere Entschlusskraft einsetzen und den Mut aufbringen, unsere Wahrheit auszudrücken, um unsere Klarheit und Wahrhaftigkeit auf allen Ebenen unseres Seins leben zu können.

Erschaffe in dir selbst und in deiner Umgebung Klarheit, Stille, Schönheit und Frieden. Erfülle dir deinen Wunsch, klar und geordnet zu sein, so wie ein Kristall, damit das Licht dich durchfluten kann und du die Klarheit, Reinheit und Strahlung des Kristalls reflektierst.

Was klar ist, ist einfach und darin der Einheit nahe.

*Der Diamant spiegelt das Licht wider. So ist es auch mit den reinen Seelen, die den GEIST kennen und widerspiegeln.*

Paramahansa Yogananda

**Anregung zur Meditation:**

Reinige deinen äußeren Raum und schaffe dir einen klaren, stillen, schönen Platz zum Meditieren. Verwende eine reinigende Essenz für den Raum und hülle dich selbst darin ein. Schließe deine Augen und richte deine Aufmerksamkeit nach innen. Nimm all deine Gedanken wahr, urteile nicht, lasse sie einfach kommen und gehen. Nimm einige tiefe Atemzüge und fühle, wie du ruhiger und klarer wirst. Wandere mit deiner Aufmerksamkeit zum achten Chakra, ca. 30 cm über deinem Kopf, dem Ort deiner Seele und visualisiere dort einen reinen, leuchtenden Kristall. Verweile eine Zeit in dieser Vision. Stelle dir dann vor, wie dieser Kristall sich ausdehnt und immer größer wird, so groß, dass er dich vollkommen in sich aufnimmt. Du selbst wirst zu diesem Kristall und strahlst Licht, Klarheit und Reinheit in die Welt aus.

Achte darauf, dass dein Kristall sich nicht wieder eintrübt.

12

Stern der Einheit

# Dein göttlicher Ursprung

Im Grunde unseres Seins sind wir zutiefst miteinander verbunden.

Wir kommen alle aus der einen Quelle des Lichtes und der Liebe Gottes,

und wir sehnen uns alle danach, in dieses Einheitsbewusstsein zurückzukehren, uns zu vereinen mit unserem göttlichen Ursprung.

In der Einheit zu Sein bedeutet in Gott zu Sein; es ist die Erfahrung des Erwachens, der Erleuchtung. Die Wahrheit ist, dass wir nie aus der Einheit gefallen sind. Wir haben nur vergessen, dass wir göttliche Wesen sind. Mit unseren Identifikationen, Konditionierungen und Fixierungen leben wir in der materiellen Welt in dem Gefühl des Getrenntseins. Unser Bewusstsein ist getrübt. Wir müssen erkennen, dass jeder Mensch göttlicher Natur ist und einen einzigartigen Aspekt Gottes hier auf Erden lebt.

Der Stern der Einheit erscheint im zarten Blau des himmlischen Friedens. Er vermittelt uns Ruhe, Stille, Harmonie, Ausgeglichenheit, Gelassenheit und ein Gefühl des Verbundenseins mit allem, was ist.

Er legt dir ans Herz, dich auf allen Ebenen deines Seins für Gott zu öffnen, deine Göttlichkeit anzuerkennen und zu offenbaren. Stimme dich durch Meditation und Gebet immer wieder auf das Göttliche ein; lass die feine Schwingung in dich einströmen und dein eigenes göttliches Sein berühren und aufleuchten.

Die Mitte des Sterns ist das Zentrum des Einen, von dem alles ausgeht und in das alles zurückkehrt. Die Peripherie versinnbildlicht mit ihren vielen Zacken die äußere Welt; Ausdehnen und Zusammenziehen, das Pulsieren der Existenz, das Einatmen und Ausatmen des Alles in Einem und des Einen in Allem.

*Wenn der Geist keine Unterschiede mehr macht, dann sind die zehntausend Dinge, wie sie sind: aus einer einzigen Essenz.*

*Um mit dieser Wirklichkeit direkt in Harmonie zu kommen, brauchst du, falls Zweifel aufkommen, nur zu sagen: „Nicht Zwei!"*

*In diesem „Nicht Zwei!" existiert nichts Getrenntes und wird nichts ausgeschlossen. In dieser Welt des So-Seins gibt es weder das Selbst noch etwas anderes als das Selbst. Dieses Mysterium der Einen Essenz zu verstehen, heißt, frei von allen Verstrickungen zu sein.*

Hsin-hsin-ming

*Solange wir Gottes Wesen nur schauen, sind wir nicht völlig selig.*

*Denn solange wir beim Schauen stehen bleiben, sind wir noch nicht in dem, was wir schauen. Solange etwas Gegenstand unseres Bemerkens ist, sind wir noch nicht eins damit.*

Meister Eckehart

13

Stern des Lebens

# *Du bist geschützt*

Im Stern des Lebens liegt der Ankh verborgen, das mystische Ringkreuz, als Symbol des ewigen Lebens. Der Stern des Lebens lässt uns bewusst werden, dass unser jetziges Leben mit unseren vorangegangenen und auch unseren zukünftigen Leben eng verknüpft ist. Unsere Gegenwart existiert nicht getrennt von unserer Vergangenheit und unserer Zukunft. Der Lebensstern weist uns den Weg der Transformation, den spirituellen Weg, der uns verwandelt, vervollkommnet und zum ewigen Leben hinführt. Der Stern des Lebens ist durchdrungen von goldenem Licht ewig gültigen Wissens und zeitloser Weisheit.

Fühle dich in diesem zeitlosen Weisheits-Wissen geborgen und geschützt, von Ewigkeit zu Ewigkeit.

Vielleicht bereitet es dir Freude, den Ankh ☥ als Schutzamulett zu tragen und dich damit an das ewige Leben zu erinnern.

*Die Summe allen Lebens auf allen Planeten im Weltall nannten die Essener das kosmische Meer des Lebens. Und die Summe aller gegenwärtigen Gedanken im Weltall wurde kosmisches Gedankenmeer – oder kosmisches Bewusstsein, wie es heute bezeichnet wird – genannt.*

*Dieses kosmische Meer des Lebens und das kosmische Gedankenmeer bilden zusammen eine lebendige Einheit und der*

*Mensch ist davon ein unabtrennbarer Teil. Der Geist jedes Einzelnen ist in dauernder innerer Beziehung zu dieser Einheit. Jedes menschliche Wesen ist ein einzelner Teil dieser Einheit. Die Einheit ist das Gesetz, das ewige Licht, von dem Moses gesprochen hat.*

(aus: *Die Lehren der Essener,* Dr. E. B. Szekely)

**Anregung zur Meditation:**

Wann immer du den Sternenhimmel wahrnimmst, öffne dein Bewusstsein und dein Herz der unendlichen Weite des funkelnden, glitzernden Himmelszeltes über dir. Breite deine Arme aus, atme tief in dein Herz und ruhe in dieser Empfindung von Ewigkeit. Tauche tief ein in die Wahrnehmung der mystischen Zeitlosigkeit deines ewigen Seins.

14

Stern der Vergebung

# *Sei bereit, dich zu versöhnen*

Vergeben und um Vergebung bitten sind Wachstumsaufgaben, die sich uns auf unserem Lebensweg immer wieder aufs Neue stellen.

Wir müssen uns ständig um diesen göttlichen Wesenszug bemühen und uns im Vergeben üben. Wir alle wissen, wie schwer es uns fällt, zu vergeben und zu verzeihen. Je weiter wir uns jedoch auf unserem spirituellen Weg als geistige Wesen entwickeln, umso mehr wächst unsere Fähigkeit zu vergeben, und damit auch die Möglichkeit zur Versöhnung. Wir finden wieder Frieden in uns.

Der Bereitschaft, anderen zu vergeben, geht voraus, dass wir uns selbst vergeben können. Indem wir aufhören, unsere eigenen Unzulänglichkeiten und Mängel zu verurteilen, werden wir fähig, uns mit all unseren Fehlern zu lieben und wertzuschätzen.

Wir lernen die Ereignisse loszulassen, die uns gekränkt und verletzt haben, indem wir mutig und bereit sind, sie noch einmal in der Tiefe anzuschauen und gefühlsmäßig zu durchleben.

Auf diese Weise ist es uns möglich, die Vergangenheit in einem neuen Licht zu sehen, sie hinter uns zu lassen und uns aus unserem Leid zu befreien. Vergebung heißt auch Freisein.

*Hast du je daran gedacht, was Vergebung eigentlich bedeutet? Du, du selbst, deine Persönlichkeit benötigt Vergebung.*

*Dein Geist ist göttlich, doch bis du überwunden hast, bleibt deine Persönlichkeit menschlich und bedarf der Vergebung durch deinen Geist.*

*Wie du vergibst, wie dein Geist deiner Persönlichkeit vergibt, so wirst du auch lernen, anderen ihre scheinbaren Fehler zu vergeben.*

*Wenn du dich jeden Augenblick deines Lebens übst, im Sinne der Liebe und Vergebung zu denken, wird eine wunderbare Heilung in dir stattfinden.*

White Eagle

15

Stern des Gebens

# Geben und nehmen sind eins

Aus dem sanften Rosa seines Zentrums heraus werden wir von diesem strahlenden, dynamischen Stern angeregt, uns mit allem, was wir sind und haben, liebevoll zu geben, zu verschenken, zu verströmen und unseren inneren und äußeren Reichtum, unsere Gaben und Fähigkeiten mit anderen zu teilen. Empfinde das Glück, die Freude, die Schönheit, die du anderen damit bereitest, es ist dein eigenes Glück, deine eigene Freude. Sei du selbst zutiefst dankbar, dass du auf diese Weise die Herzen und Seelen deiner Mitmenschen nähren kannst, so wie die Natur mit ihren Samen und Früchten uns Menschen und anderen Lebewesen Nahrung gibt und am Leben erhält.

Fühle die Dankbarkeit deiner Mitmenschen und sieh auch ihre Fähigkeit und Bereitschaft von Herzen zu geben.

*Tue jeden Tag ein oder zwei Dinge, für die du nichts zurückbekommen willst ... das sind die Handlungen, die aus Liebe geschehen.*

*Sie werden deine Liebe stärken und deine Freundlichkeit wird immer mehr wachsen ... Du musst deinem Leben eine Disziplin geben, um dich auf den höchsten Augenblick vorzubereiten, wo du deine Liebe über die ganze Welt ausdehnen kannst ...*

Osho

**Anregung zur Meditation:**

Schließe deine Augen und atme einige Male tief in dein Herz hinein. Sieh das reiche Leben, das du lebst. Du hast so viel zu geben.

Lasse den Menschen vor deinem inneren Auge erscheinen, dem du gerne eine Freude bereiten möchtest. Vielleicht sind es ja auch mehrere, Verwandte, Freunde, Arbeitskollegen? Überlege dir Möglichkeiten, wie du anderen eine Freude machen kannst und deinen inneren und äußeren Reichtum verschenken willst. Sei kreativ und erfreue dich am Geben!

## 16
## Stern der Dankbarkeit

# *Wertschätze das Leben*

Das glückselige Gefühl der Dankbarkeit steigt in uns empor, wenn wir unser Leben in all seinem inneren und äußeren Reichtum und in all seiner Schönheit wahrnehmen und wertschätzen. Dankbarsein öffnet uns für den göttlichen Segen und die göttliche Gnade, die in allem liegt und unentwegt auf uns einströmt. Es ist unser tiefer Seelenwunsch, uns dem Leben gegenüber dankbar zu erweisen und es zu ehren. Wir verneigen uns vor dem Göttlichen. Unsere Dankbarkeit schenkt uns inneren Frieden, schenkt uns Vertrauen und Zuversicht. Sie lässt uns im Fluss des Gebens und Nehmens sein. Wir danken für die liebevollen Begegnungen mit anderen, wir danken auch für die Herausforderungen in unserem Leben, durch die wir wachsen dürfen.

Dieser harmonische, strahlend schöne Mandalastern ist eingerahmt von einem Sternenkranz aus 32 kleinen Sternen, die dich erinnern, deiner Dankbarkeit Ausdruck zu verleihen, indem du dir täglich Zeit nimmst für ein Gebet des Dankes und der Ehrerbietung.

Genieße dein reiches, schönes Leben in Dankbarkeit. Erfreue dich täglich an allem, was dir geschenkt ist, deinem Körper, deinem Zuhause, deiner Nahrung, deinen Freundschaften, deiner Umgebung, der Natur.

Lass dein Herz in jedem Moment deines Lebens von Dankbarkeit erfüllt sein.

*Wir dürfen Anerkennung niemals vorgeben, sondern müssen sie tief und echt empfinden und auch so ausdrücken. Der Ausdruck von Dankbarkeit ist eine mächtige Kraft, die sogar noch mehr hervorbringt, als wir bereits empfangen haben.*

Deepak Chopra

**Anregung zur Meditation:**

Sei heute ganz bewusst dankbar; fühle die Dankbarkeit aus der Tiefe deines Herzens aufsteigen und gib ihr Ausdruck. Sieh dem Sonnenaufgang zu, spüre wie sich die lebensspendende, feurige Energie der Sonne ausbreitet und die Erde in ihr wärmendes Licht einhüllt. Begrüße in Dankbarkeit den neuen Tag. Höre das Gezwitscher der Vögel, wie sie ihr Dasein in Leichtigkeit und ekstatischer Lebensfreude zelebrieren. Empfinde deine Dankbarkeit für ihre Existenz. Schaue auf den Sonnenuntergang, nimm wahr, wie Dunkelheit die Erde einhüllt und begrüße die Nacht.

Danke für diesen wunderschönen Tag.

17

Stern der Fülle

# *Hab teil am Ganzen und fließe über*

Der Stern der Fülle bittet uns, tief einzutauchen in den Reichtum unseres Lebens und die Fülle in unserer inneren und äußeren Welt zu erkennen. Sieh, schmecke, fühle und begreife all deine Gaben und Geschenke und all die Kostbarkeiten und Köstlichkeiten in deinem Leben. Erfreue dich an der Fülle, die sich immer wieder erneuert. Nichts geht verloren im Universum, alles ist immer vorhanden, alles ist immer gut so, wie es ist, und alles hat seinen Sinn.

Hab Vertrauen und Zuversicht; du bist eine reiche, gesegnete Seele und ein unsterbliches Geistwesen. Nimm deinen inneren und äußeren Reichtum an, und genieße dich in deinem ewigen Sein. Verschenke dich und sei empfänglich für Geschenke, es ist ein energetischer Austausch. Lass all deine einschränkenden, begrenzenden Armutsgedanken ziehen. Öffne deine Augen und siehe, wie die Existenz ihren Segen der Fülle über dich ergießt.

*Sobald der Mensch aber erkennt, wer er wirklich ist und sein geistiges Erbe in Besitz nimmt, manifestiert sich in seinem Leben das Gesetz der Fülle. Wer dieses Gesetz in seinem ganzen Umfang erfasst hat, kennt keinen Mangel mehr.*

*Jesus hat gesagt: „Wer da hat, dem wird gegeben werden, auf dass er die Fülle habe. Wer da aber nicht hat, dem wird das Wenige noch genommen werden.“*
*Indem wir überall die Bereitschaft des Lebens zur Fülle erkennen, rufen wir sie in Erscheinung.*

Kurt Tepperwein

**Anregung zur Meditation:**

Schließe deine Augen, richte deine Aufmerksamkeit nach innen. Atme die Lebensenergie, die mit dem Atem kommt, nach oben zu deinem Kronenchakra und noch weiter hinauf zu deinem achten Chakra. Dehne dein Bewusstsein noch mehr aus, und öffne dich für die Weite des unendlichen Raumes über dir. Nimm die Fülle des Göttlichen wahr, das von dir empfangen werden will. Sieh eine goldene Flüssigkeit in dich einströmen. Fühle dich und deinen Körper vollkommen genährt und erfüllt von diesem goldenen Strom des Lichtes und der Liebe. Ruhe in diesem sicheren, geborgenen Gefühl von Fülle.

18

Stern der Harmonie

# Die göttliche Proportion

Harmonie, in unserem Inneren wie im Äußeren, erwächst aus der Vereinigung der Gegensätze. Wir sind mit einem natürlichen Empfinden für Harmonie geboren. Polarität und Dualität sind Erscheinungen der materiellen Welt, mit denen wir hier auf der Erde in Berührung sind.

Der Sinn unseres Lebens besteht darin, zur Harmonie der „göttlichen Proportion" zurückzufinden und das Gleichgewicht der gegensätzlichen Prinzipien in uns selbst und in der äußeren Welt wiederherzustellen und zu vereinen. In diesem fortwährenden Prozess des Vereinens erkennen wir, dass die Gegensätzlichkeiten eine Einheit bilden und im Einklang wirken. Sie stehen in einer rhythmischen Beziehung zueinander; sie gehören zusammen wie Licht und Dunkelheit, Tag und Nacht, Leben und Tod, Liebe und Hass, Yin und Yang.

Dieses Sternenbildnis zeigt das Pentagramm, den Fünfzack-Stern, der die göttliche Proportion des Goldenen Schnitts enthält. Der Goldene Schnitt basiert auf der harmonischen Beziehung der einzelnen Teile zueinander und ihrem harmonischen Verhältnis zum Ganzen.

Das Sternenpentagramm spiegelt deine Sehnsucht nach Harmonie und ruft in dir einen vertrauten Zustand wach, von Stille, Frieden, Ausgewogenheit. Es führt dich in deine Mitte, zu Liebe und Akzeptanz deiner selbst, zum Gleichgewicht in dir, das alle Gegensätze vereint.

*Die verborgene Harmonie ist besser als die offensichtliche.*
*Aus Zwietracht entsteht Eintracht,*
*aus Missklang entsteht die höchste Harmonie.*
*Erst durch dauernden Wechsel kommen die Dinge zur Ruhe.*
*Die Menschen sehen nicht, dass alles, was sich widerspricht,*
*dadurch mit sich in Einklang kommt.*
*Es liegt Harmonie im Widerstreit,*
*das zeigen Bogen und Leier.*
*Der Name des Bogens ist Leben,*
*aber sein Werk ist der Tod.*

Heraklit

**Anregung zu Meditation:**

Vielleicht berühren dich Heraklits Verse und du fühlst dich angeregt, mehr darüber zu erfahren. Oshos Auslegung in dem Buch „Die verborgene Harmonie“ gibt dir einen tiefen Einblick in die Fragmente des Heraklit.

19

Stern der Weisheit

# *Licht deiner Seele*

Dieser Stern führt uns zur Quelle unserer eigenen inneren Weisheit.

Indem wir still werden und nach innen lauschen, nehmen wir dort unser großes Weisheitspotential wahr, das eins ist mit der göttlichen Weisheit. Weisheit ist tief verbunden mit der Essenz allen Lebens. Sie umfasst „alles was ist", „alles was war" und „alles was sein wird". Es ist die Weisheit deiner ewigen Seele, die Weisheit deines unsterblichen Seins, die dir zur Seite steht und dich dabei unterstützt, dein Bewusstsein immer weiter zu entfalten und auszudehnen. Es ist die Stimme deines höheren Selbst, die dir hilft, in allen Lebenssituationen weise Entscheidungen zu treffen. Weisheit zeigt sich in deinem annehmenden, liebenden Verständnis für dich selbst und deine Mitmenschen.

*Wer sich im Geist und Gemüt mit allen und allem eins weiß,*
*bleibt vor Getrenntsein und Zwiespalt bewahrt.*
*Wer, Sanftmut übend, Sinne und Seele läutert,*
*wird dem Kinde gleich, des Himmels Erbe.*
*Wer, um Klarheit bemüht, nach innen sieht,*
*gelangt zur Einsicht und zur Schau der Wahrheit.*
*Wer andere durch Liebe leitet, selbst gelassen bleibend,*
*wirkt ohne Tun und Verordnung Ordnung.*
*Weil Geben und Empfangen ihm eins sind,*
*öffnet er, dem mütterlichen Weltengeiste gleich,*

*allen die Tore des Himmels.*
*Weil er selbst innerlich offen ist,*
*ist ihm alles ohne Wissen offen.*
*Dass er nährt und erhält, ohne zu halten,*
*dass er wirkt, ohne zurückzuhalten und zu behalten,*
*dass er führt, ohne zu herrschen,*
*dass ist des Gelassenen Tugend.*

Laotse

**Anregung zur Meditation:**

Schließe deine Augen und werde still. Schau nach innen, lausche nach innen. Lenke deine Aufmerksamkeit zu deinem Kronenchakra und fühle, wie es ganz weit wird. Bleibe eine Zeit lang in dieser Wahrnehmung. Wandere dann weiter hinauf zum achten Chakra, der Seelenebene, dem Ort deiner Weisheit. Nimm die feinen Schwingungen von Frieden, Liebe, Mitgefühl und Verstehen wahr. Lasse sie von der Seelenebene ganz langsam durch die Krone und weiter hinunter durch deinen Körper strömen. Fühle dich mit Weisheit beseelt und verweile einige Zeit in dieser Schwingung.

## 20
## Mysterienstern

# *Tauche ein in das Geheimnisvolle*

Vertiefe dich in das Mystische dieses Sternenbildnisses und lasse die Worte der zeitlosen Weisheit und Wahrheit auf dich wirken.

Verbinde dich mit dem Mystischen deiner eigenen Existenz.

*Das schönste und tiefste Gefühl, das wir empfinden können, ist das mystische. Es ist der Keim jeder Wissenschaft. Jeder, der dieses Gefühl nicht kennt, der nicht fähig ist, sich zu wundern oder tiefste Achtung zu empfinden, ist, als ob er tot wäre. Meine Religion besteht in einer demütigen Bewunderung des erhabenen und unbegrenzten Geistes, der sich in den winzigsten Phänomenen, die wir mit unseren schwachen und unvollkommenen Sinnen ermitteln können, offenbart.*

Albert Einstein

*In Gott gibt es keine Dualität.*
*In dieser Gegenwart existieren „ich" und „wir"*
*und „du" nicht.*
*„Ich" und „du" und „wir" und „Er" werden eins ...*

*Denn in der Einheit gibt es keine Unterscheidung,*
*die Suche und der Weg und der Suchende werden eins.*

Maulana Dschelaladdin Rumi

*Das Jetzt,*
*darin Gott den ersten Menschen schuf,*
*und das Jetzt,*
*darin der letzte Mensch vergehen wird,*
*und das Jetzt,*
*darin ich spreche,*
*sind gleich in Gott –*
*und sind nichts als ein einziges,*
*ewiges Jetzt.*

Meister Eckehart

21

Stern der Andacht

# *Herr, dein Wille geschehe*

Der Stern der Andacht offenbart uns die demütige und hingebungsvolle Essenz unseres Selbst. Um diese, vom Licht unserer Seele durchdrungenen Seinsqualitäten der Andacht, Demut und Hingabe leben zu können, bedarf es unseres tiefen Glaubens und unseres Vertrauens auf Gott, auf die eine Quelle. Einerseits sind wir uns als Mitschöpfer unserer eigenen Göttlichkeit bewusst, andererseits fühlen wir uns angesichts der Natur und der unendlichen Weite des Universums so klein. In unserer Demut und Hingabe wissen wir, dass wir nur ein Teil Gottes sind. Wir wissen, dass nichts im Leben vollkommen in unserer Hand liegt. Wir sind dankbar für all das, was uns gegeben ist.

*O Herr, mach mich zu einem Werkzeug deines Friedens.*
*Dass ich Liebe übe, wo man sich hasst,*
*dass ich verzeihe, wo man sich beleidigt,*
*dass ich verbinde, wo Streit ist,*
*dass ich die Wahrheit spreche, wo Irrtum herrscht,*
*dass ich Glauben bringe, wo Zweifel drückt,*
*dass ich Hoffnung wecke, wo Verzweiflung quält,*
*dass ich dein Licht entzünde, wo Finsternis regiert,*
*dass ich Freude bringe, wo Kummer wohnt.*
*Ach Herr, lass du mich trachten:*
*Nicht, dass ich getröstet werde, sondern dass ich tröste,*
*nicht, dass ich verstanden werde, sondern dass ich verstehe,*

*nicht, dass ich geliebt werde, sondern dass ich liebe; denn:*
*Wer hingibt, der empfängt,*
*wer sich selbst vergisst, der findet,*
*wer verzeiht, dem wird verziehen,*
*und wer stirbt, erwacht zum ewigen Leben.*

Franz von Assisi

**Anregung zur Meditation:**

Versenke dich in diesen heiligen Stern und fühle die feinen Schwingungen von Andacht, Demut und Hingabe. Lies dieses Gebet ganz aufmerksam. Schließe deine Augen. Lass die Worte tief in dich einsinken. Sieh dich auf deinem Weg der Wandlung als göttliches Werkzeug, das die Welt mitgestaltet. Öffne dich für die Gegenwart Gottes, die göttliche Energie; sei bereit, dein Ego in seiner Engstirnigkeit und seinem Abgrenzungsbedürfnis aufzugeben und dich hinzugeben.

22

Erdenstern

# *Sieh dich ausgerichtet zwischen Himmel und Erde*

Die Erde ist ein lebendiges Wesen, ein lebender Organismus, vergleichbar mit unserem Körper. Die Lufthülle der Erde wirkt aufnehmend, abgebend und schützend, wie unsere Haut. Die Wälder atmen wie unsere Lungen. Die erdeigene Energie, das Feuer in ihrem Inneren, erhält ihre Wärme und bewegt sie. Die Erde im Weltraum gleicht einem Juwel, das in einer tanzenden und pulsierenden Bewegung um die Sonne kreist, die Quelle des Lichtes und der Kraft.

Die Erde ist unsere Mutter, die uns trägt und unseren Körper ernährt.

Sie ist der Ort, der Planet, auf dem wir uns in unseren menschlichen Körper inkarnieren; durch die Erfahrung in der Materie bietet sich unserer Seele die Chance, sich weiterzuentwickeln.

Wir sind mitverantwortlich für das Wohlergehen der Erde.

So wie wir für unseren eigenen Körper sorgen, ihn hegen und pflegen, sollten wir auch für Reinheit, Gesundheit und Wohlbefinden der Erde Sorge tragen und ihr die gebührende Achtung und Ehre erweisen.

Wir sind mit der Aufgabe betraut, das Reich Gottes hier auf Erden zu verwirklichen; es bedeutet, das Göttliche in uns selbst zu erkennen und zu leben. Jeder Einzelne von uns kann das innere Himmelreich hier auf Erden verankern, denn das Reich Gottes ist nicht nur im Himmel, es ist in uns selbst. Um dieses Reich in uns zu finden, müssen wir den Weg nach innen gehen und das Einheitsbewusstsein in uns selbst verwirklichen, die Erkenntnis, dass es keine Trennung zwischen Gott und den Menschen und keine Trennung der Menschen untereinander gibt.

*Unser Vater,*
*der Du bist in uns, um uns und überall,*
*Dein Name, der da ist Weisheit, Unendlichkeit und Liebe,*
*werde geheiligt.*
*Dein uns verheißenes Reich komme jetzt.*
*Dein Wille geschehe in allen Universen.*
*Gib uns das neue Brot für unseren neuen Leib.*
*Verwandle all unsere angesammelte Schuld*
*durch die Kraft Deiner Gnade,*
*und führe uns durch die Versuchung der Dunkelheit mit*
*Deinem Licht.*
*Denn Dein ist und Dein bleibt*
*das Reich, die Kraft und die Herrlichkeit*
*von Ewigkeit zu Ewigkeit.*
*Amen*

(aus: *Dein Wille geschehe jetzt!*, S. Osswald und K. Schnelting)

23

## Lichtstern

# *Strahle dein Licht in die Welt*

Der Lichtstern strahlt das uns allen innewohnende Licht aus. Es ist das Licht des Christus in uns, es ist die Liebe, die wir in unseren Herzen bewahren. Liebe ist Licht, Licht ist Liebe, die sich uns in den göttlichen Eigenschaften von Mitgefühl, Sanftmut, Hingabe, Vertrauen und Vergebung zeigt. Das sonnengleiche Leuchten dieses Sterns weckt in uns die Erinnerung an unsere Lichtnatur, an das Licht, das wir in Wahrheit sind. Es ist eine unserer wahrhaftigsten Aufgaben, unser inneres Licht zu offenbaren; es zum Strahlen zu bringen, damit es in unserem Leben – und zum Wohle alles Lebendigen – schöpferisch wirken und erhalten kann. Der Weg in unser lichtvolles Dasein führt durch die Dunkelheit; wir müssen erst die „dunkle Nacht der Seele" durchwandern, bevor wir im Licht wandeln und lichtvoll sein können.

Du bist aufgefordert, geduldig zu sein und auf die Ereignisse deines Lebens zu vertrauen, seien es für dich freudige oder schmerzvolle Erfahrungen, die du durchleiden musst. Akzeptiere sie und nimm deine Erfahrungen an, in der Gewissheit, dass alle Ereignisse deines Lebens den Sinn haben, deine Seele zu erheben und deinen Geist zu erleuchten. Folge deinem inneren Licht und lasse dein Leben von Licht und Liebe durchdrungen sein.

*Denn unter dem Druck der irdischen Dunkelheit öffnet sich die Seele allmählich ... Der Druck, der durch das so genannte Böse, die Widerwärtigkeiten und Belastungen ... auf die Seele ausgeübt wird, fördert das Wachstum aus dem unbewussten in den Zustand des bewussten Seins. Viele Zeitalter hindurch wächst die Seele, wird letztlich Meister über die Materie und Meister über sich selbst und wird sich der Liebe und des Lichts ihres Gottes voll bewusst.*

White Eagle

**Anregung zur Meditation:**

Nimm dir Zeit für das Erleben eines Sonnenaufgangs. Die Stunde des Sonnenaufgangs ist eine ganz besondere. Dieser Augenblick trägt eine spezifische Schwingung; es ist der Moment der Schöpfung, des erwachenden Lebens, den wir im Sonnenaufgang immer wieder aufs Neue erfahren dürfen. Nimm diesen Moment mit Bewusstheit wahr und in dir auf. Atme das Licht der Sonne, die lebensspendende Kraft tief ein, sodass dein Körperinneres und deine Seele von Licht durchflutet werden und du dich vom feurigen Licht der aufgehenden Sonne tief gereinigt fühlst. Beobachte, wie die Dunkelheit dem Licht weicht.

24

Stern der Visionen

# *Verwirkliche deine Lebensaufgaben*

Der Stern der Visionen aktiviert unseren kreativen Geist. Er regt uns an, aus unseren unterschiedlichen Ideen, Vorstellungen und Wünschen unsere wahre Vision herauszukristallisieren. Zweifellos sind wir als Menschen am Gestaltungsprozess unserer Existenz beteiligt; wir sind Mitschöpfer Gottes. Wir formen die Art und Weise unseres persönlichen Lebens wie auch die des Lebens auf unserem Planeten und tragen damit auch Verantwortung. Der Stern der Visionen verstärkt in dir den Wunsch, deine ureigene Lebensaufgabe zu verwirklichen. Diese Aufgabe ist zutiefst mit der Sehnsucht deiner Seele nach Vervollkommnung verbunden. Deine Seele weiß in allen Einzelheiten um deine wahre Vision und Mission, die du dir für dieses Leben vorgenommen hast. Indem du deine Aufmerksamkeit vermehrt auf dein achtes und sechstes Chakra richtest, stärkst du die Verbindung zu deinem höheren Selbst und deiner Intuition. Richte deine Gedanken aus und konzentriere all deine manifestierenden Kräfte, deine Vorstellung, deinen Willen, deine Energie auf deine Vision.

Sie wird sich offenbaren, entfalten und verwirklichen, wenn sie im Einklang mit deiner wahren Lebensaufgabe und dem göttlichen Plan ist.

*Niemand kann euch etwas anderes offenbaren als das, was schon untergründig in eurem Bewusstsein dämmert. Die Vision eines Menschen verleiht einem anderen Menschen keine Flügel.*

*So wie Gott jeden Einzelnen von euch kennt, so muss jeder von euch für sich allein Gott erkennen und die Mysterien der Erde entschlüsseln.*

Khalil Gibran

**Anregung zur Meditation:**

Nutze deine Vorstellungskraft; tauche ein in Gedanken und Empfindungen zu dem, was du gerne verwirklichen möchtest. Lasse Ideen, Bilder, Projekte, Aufgaben vor deinem geistigen Auge erscheinen, die dich berühren und tiefe Freude in dir auslösen. Mache es zu einem Ritual: Male ein Sternenmandala für dich – das Mandala hat eine Mitte, ein Zentrum, das das Göttliche verkörpert, von dem alles ausgeht. Überlege, wie viele Strahlen dein Stern haben soll und lasse diese symmetrisch vom Zentrum aus nach Außen strahlen. Versehe nun jeden Strahl mit einer Vorstellung, die sich in deinem Leben manifestieren soll. Halte deine Vision in deinem Bewusstsein, segne dein Mandala, bitte deinen himmlischen Helfer um Unterstützung und danke dafür.

Und wisse, es hat einen Grund, wenn sich nicht alles erfüllt, was du dir wünschst und vorstellst.

25

Sternentor

# *Der kreative Geist im unendlichen Raum*

Das Sternentor öffnet sich und führt uns in die Weite des unendlichen Weltenmeeres; es lässt uns eintauchen in einen Sternenkosmos, der uns die Erhabenheit des Allmächtigen, Allgegenwärtigen, Allwissenden offenbaren will, die Größe des Einen, ewig kreativen Geistes. Es ist der zeitlose Raum der Ewigkeit, der sich uns hier zeigt; der Raum, in den wir als geistige Wesen zurückkehren, wenn wir unseren materiellen Körper verlassen.

Beim Anblick dieses Sternenbildnisses dehnt sich unser Bewusstsein aus; wir werden erinnert an die Macht und die Herrlichkeit unseres Schöpfers, die uns auf ewig erhält und an der wir teilhaben. Wir erinnern uns an unser grenzenloses Bewusstsein; wir werden erinnert, dass wir vom göttlichen Geist durchdrungen sind.

*Gott wohnt der physischen Materie des Universums inne.*
*Wo du bist – ist Gott. Die Schöpfung ist.*
*Es gibt keinen Ort, wo ihr sein könnt, an dem Gott nicht ist.*
*Ihr seid Teil von Gott – Teil der Schöpfung.*
*Das gesamte Universum ist heiliger Raum.*
*Es ist ein geweihter Tempel.*

(aus: Die Hathor-Zivilisation)

**Anregung zur Meditation:**

Setz dich still hin und lass deinen Blick auf diesem Sternenbild ruhen. Wandere durch das Sternentor und tauche in den Sternenkosmos ein. Schließe deine Augen und sieh dich in die grenzenlose Weite des Sternenhimmels hinausschweben; reise durch den Kosmos, sieh die funkelnden Sterne und strahlenden Sonnen, die Planeten, an denen du vorüberziehst.

Fühle, wie sich dein Bewusstsein ausdehnt und immer weiter wird; lasse das Gefühl deiner Grenzenlosigkeit tiefer und tiefer in dich einsinken. Nimm in dieser unbegrenzten Freiheit deine Glückseligkeit wahr. Gehe so oft du kannst in das Gefühl dieser grenzenlosen ozeanischen Weite hinein.

26

Stern der Wandlung

# *Die transformierende Kraft*

Der Stern der Wandlung erfasst uns mit der Totalität seiner reinigenden Feuerenergie, um alle Teile in uns zu verbrennen, die nicht mehr zu uns gehören. Den Schmerz alter Wunden, Blockaden in unserem Körper, die den Fluss unserer Lebensenergie bremsen, und unsere Gedanken des Getrenntseins, die uns das Gefühl des Eins-Seins vermissen lassen. Dieser Stern aktiviert in uns die transformierende Kraft, die uns befähigt, uns aus unserem inneren Gefängnis zu befreien. Sie hilft uns dabei, uns zu wandeln, damit wir in unser wahres, lichtvolles, liebendes Wesen erblühen können. Dein inbrünstiges Verlangen nach Veränderung und deine tiefe Sehnsucht, in Wahrheit, Licht und Liebe zu leben, lässt dich deine Angst überwinden, sie macht dich mutig und öffnet dich für diese transformierende Energie. Verwandlung geschieht nur durch tiefes, eigenes, inneres Erleben dessen, was dir Schmerzen verursacht.

Deine Emotionen sind der Brennstoff für das Feuer der Transformation. Sei bereit, sie noch einmal bewusst zu fühlen, um sie in Leichtigkeit und Freude ganz loslassen zu können. Schaue auf den Stern der Wandlung und spüre die leuchtende, feurige, explodierende Kraft, die dein Leben vollkommen neu formen will; sie wirkt wie ein Schmelztiegel, der dich innerlich tiefgreifend verwandelt und dein Bewusstsein transformiert.

*„Mein Herz fürchtet sich vor dem Leiden," sagte der Jüngling zu dem Alchimisten, eines Nachts, als sie den mondlosen Himmel betrachteten.*

*„Dann sag ihm, dass die Angst vorm Leiden schlimmer ist als das eigentliche Leid. Und dass noch kein Herz gelitten hat, als es sich aufmachte, seine Träume zu erfüllen, denn jeder Augenblick des Suchens ist ein Augenblick der Begegnung mit Gott und mit der Ewigkeit."*

Paulo Coelho

**Anregung zur Meditation:**

Bereite dir eine Feuerstelle in der Natur, ein offenes Kaminfeuer oder schaue einfach in eine Kerzenflamme. Atme einige Male tief in dein Herz hinein. Während du deinen Blick in den Schein der Flammen tauchst, lasse Gedanken und Gefühle in dir aufsteigen, die dein Leben belasten und blockieren, siehe, was du in deinem Leben gerne verändern und in dir selbst transformieren möchtest. All das kannst du auf ein Papier aufschreiben. Verbrenne es und stell dir vor, wie das Feuer alles verzehrt, was deinem spirituellen Wachstum im Wege steht. Erinnere dich der Vergänglichkeit des materiellen Lebens und werde dir bewusst, dass nur das Geistige Sein überdauert und ewig existent ist.

27

## Stern des Empfangens

# *Nimm an, was für dich bestimmt ist*

Die liegende Mondsichel in diesem Sternenbild wirkt wie ein sakrales Gefäß, das nach oben hin geöffnet ist, bereit, das Licht der Sterne und die Energie aus dem Kosmos zu empfangen. Der Mond ist ein Symbol für den weiblichen Aspekt in uns; er ist ein Zeichen für die weiblichen Fähigkeiten des Empfangens und Annehmens, des Akzeptierens und Bewahrens. Eigentlich befinden wir uns ständig in einem Zustand des Empfangens. Mit unserem Atem nehmen wir unentwegt Lebensenergie auf, das Prana, das uns am Leben erhält. Die Natur mit ihren Schätzen ernährt unseren leiblichen Körper mit allem, was er braucht, um lebendig zu bleiben. Durch unser Herzzentrum und über unser Kronenchakra ist es uns möglich, uns unserer Seele gewahr zu werden und feinstoffliche Energien und Schwingungen in uns aufzunehmen, die unser inneres göttliches Wesen nähren.

Lerne all die unterschiedlichen, vielfältigen Formen der göttlichen Geschenke wahrzunehmen; sei bereit, sie in Dankbarkeit zu empfangen. Öffne dich für die Botschaften, die aus dem Kosmos in dich einströmen und dich auf deinem Weg unterstützen wollen. Auch schwierige Situationen können hilfreiche und heilende Geschenke sein.

*Der Herr ist mein Hirte, mir wird nichts mangeln.*
*Er weidet mich auf einer grünen Aue*
*und führet mich zum frischen Wasser.*

*Er erquicket meine Seele.*
*Er führet mich auf rechter Strasse um seines Namen willen.*
*Und ob ich schon wanderte im finstern Tal, fürchte ich kein Unglück;*
*denn du bist bei mir, dein Stecken und Stab trösten mich.*
*Du bereitest vor mir einen Tisch im Angesicht meiner Feinde.*
*Du salbest mein Haupt mit Öl und schenkest mir voll ein.*
*Gutes und Barmherzigkeit werden mir folgen mein Leben lang,*
*und ich werde bleiben im Hause des Herrn immerdar.*

Psalm 23, Vers 1-6

**Anregung zur Meditation:**

Wenn der Tag vergangen ist, ziehe dich an einen Ort zurück, wo du in Stille und für dich sein kannst. Schließe deine Augen und lasse den Tag vor deinem inneren Auge vorüberziehen. Sieh all die Gelegenheiten und Situationen, in denen du heute empfangen durftest. Bedanke dich aus tiefstem Herzen für all die Gaben und Geschenke und fühle dich gesegnet.

28

Stern der Kraft

# *Sei dir deiner selbst sicher*

Die Fähigkeit, unsere Kraft und Stärke voll und ganz leben zu können, beruht auf unserer absoluten Selbstliebe, auf unserer inneren Gewissheit, dass wir, so wie wir sind, vollkommen in Ordnung sind; sie gründet auf dem sicheren Gefühl unseres eigenen Wertes und dem tiefen Wissen, dass wir geliebt sind, mit allem, was wir sind, mit unseren Schattenseiten und in unserem Licht.

Unser Solarplexus, das dritte Chakra, reflektiert die transformierende Feuerenergie der Sonne. Hier im Sonnengeflecht, dem machtvollen Zentrum unseres Willens, ruhen die reinen, essentiellen Qualitäten von Selbstwert, Würde, Präsenz, Authentizität, Mut, Stärke und Kraft. Sie warten nur darauf, von uns erkannt, gelebt und ausgedrückt zu werden.

*Unsere tiefste Angst ist nicht, dass wir der Sache nicht gewachsen sind, unsere tiefste Angst ist, dass wir unermesslich mächtig sind. Es ist unser Licht, das wir fürchten, nicht unsere Dunkelheit. Wir fragen uns: Wer bin ich, dass ich so leuchtend, hinreißend, begnadet und phantastisch sein darf? Aber wer bist du, dass du das nicht sein darfst? Du bist ein Kind Gottes. Dich klein zu machen, dient der Welt nicht.*

*Es liegt nichts Erleuchtendes darin, zusammenzuschrumpfen, nur damit andere sich in deiner Nähe nicht unsicher fühlen.*

*Wir sind geboren, um die Größe und Herrlichkeit Gottes, die in uns ist, zu manifestieren.*

*Diese Größe und Herrlichkeit ist nicht nur in einigen von uns, sie ist in jedem, und indem wir unser Licht scheinen lassen, erlauben wir bewusst anderen Menschen das Gleiche zu tun. Wenn wir von unserer eigenen Angst frei sind, wird unsere Gegenwart andere befreien.*

Nelson Mandela

**Anregung zur Meditation:**

Vertiefe dich in das Bild des herrlichen Sterns. Nimm seine kraftvolle, raumeinnehmende Farbigkeit wahr. Fühle die Intensität seiner manifestierenden Strahlung und empfinde gleichzeitig den weichen, zarten, lichten Kern seines Zentrums.

Der Stern der Kraft ist dir ein Spiegel – das bist du in deiner Schöpferkraft und in deiner Stärke, deinem Wissen und deiner Weisheit – deiner ureigenen Macht und Herrlichkeit.

29

Sternenenneagramm

# Erkenne deine Fixierung

Diese neunzackige Sternenform zeigt uns das uralte Symbol des Enneagramms. Über seinen Ursprung gibt es unterschiedliche Auffassungen. Nach Georges Gurdjieff, dem spirituellen Meister und Mystiker, stammt das Enneagramm aus mündlicher Überlieferung zentralasiatischer Mysterienschulen. Gurdjieff wendete das Enneagramm als erster im Westen in der inneren Arbeit mit seinen Schülern an. Ein derzeit weltbekannter Enneagramm-Lehrer ist Eli Jaxon-Bear.

Im Enneagramm, als einem Weg zur Selbsterkenntnis und Transformation, sind neun grundlegend verschiedene Charaktertypen festgeschrieben, mit denen wir fixiert sein können. Jeder der neun Typen basiert auf einer der drei Grundhaltungen von Zorn, Angst und Hysterie. Innerhalb dieser drei Hauptklassifizierungen gibt es jeweils drei verschiedene Versionen, das heißt drei Angstpunkte, drei Zornpunkte, drei Hysteriepunkte. Sie machen zusammen die neun Charaktertypen aus. Unsere Persönlichkeit baut auf einer dieser Charakterfixierungen auf, die ein Leben lang dieselbe bleibt und unsere Wahrnehmung, unser Fühlen, unser Denken und Handeln begrenzt. Jede Fixierung – als untere Oktave bezeichnet – entspricht einer höheren Oktave, einem transzendenten, erleuchteten Zustand, den wir durch eigene innere Arbeit und Erkenntnisprozesse erreichen können. Das Enneagramm kann ein Werkzeug sein, das uns in der inneren Arbeit unterstützt, sich aus der Charakterfixierung zu befreien und zu erwachen.

*Zunächst wirkt der Mensch durch innere Arbeit, Meditation und Reinheit auf seine eigenen Zellen, und dann wird diese Eigenarbeit auch außen reflektiert und beeinflusst seine Umwelt. Wenn ihr dieses Gesetz nicht kennt, könnt ihr nie etwas Wahres verwirklichen, denn alles muss zuerst im Inneren aufgebaut und organisiert werden, bevor es sich auf der physischen Ebene konkretisieren kann.*

Omraam Mikhael Aivanhov

**Anregung zur Meditation:**

Wenn du das Sternenenneagramm aufgedeckt hast und dich das Symbol in besonderer Weise anzieht, so ist dies vielleicht ein Hinweis, dich eingehender mit dem System zu befassen, deine eigene Fixierung aufzudecken und Wege zu finden, dich aus deiner Konditionierung zu befreien und aus deiner Fixierung aufzuwachen.

30

Stern der Freiheit

# *Öffne deine Flügel und schwinge dich empor*

In der Weite des unendlichen Himmels erscheint der Stern der Freiheit und weckt in uns eine Sehnsucht. Es ist unser tiefes Sehnen, innerlich frei zu werden, frei zu sein. Der Weg zu unserer inneren Freiheit führt in das Einheitsbewusstsein, hin zu Gott, in das All-Ein-Sein.

Meditation kann uns die innere Freiheit offenbaren, die Freiheit, die völlig unabhängig von äußeren Bedingungen ist. Wir befreien uns von unserer Vergangenheit, von Erinnerungen und Konditionierungen. Wir lernen uns selbst anzunehmen und zu lieben, mit allem, was wir sind. Daraus erwächst unsere Liebe für andere. Wir reifen innerlich, übernehmen Verantwortung und öffnen uns für die Realität unseres Lebens im Hier und Jetzt.

Meditation unterstützt dich, mehr und mehr im Augenblick zu leben, nicht in der Erinnerung an deine Vergangenheit und nicht in Gedanken an deine Zukunft. In der inneren Öffnung für deine wahre göttliche Natur nimmst du als göttliches Wesen zunehmend das Licht und die Weite deiner unbegrenzten Freiheit wahr.

*Die wahre Freiheit kennt keine äußere, materielle Bedingung.*
*Die wahre Freiheit ist die innere Freiheit ...*
*Der Mensch ist nicht frei, er wird erst frei ...*
*Frei wird er im wahren Sinne erst, wenn er zur echten Liebe fähig geworden ist. Daher muss er zuerst lernen zu lieben. Und er muss lernen, seinen Willen „richtig“ – d. h. in Übereinstimmung mit Gottes Willen – zu gebrauchen.*

Alexander Gosztonyi

**Anregung zur Meditation:**

Setz dich aufrecht hin und schließe deine Augen.

Siehe, wie du mit deinem Körper verbunden bist, fühle diese Verbindung.

Nimm einige tiefe Atemzüge. Stell dir nun vor, wie du dich aus deinem materiellen Körper erhebst. Sieh, wie du dich in deinen feinstofflichen Körper, deinen Lichtkörper ausdehnst. Du wirst immer größer, weiter und lichter. Du schwebst über deinem Raum, deinem Haus, über der Stadt, der Landschaft. Du siehst, wie der Erdenball unter dir immer kleiner wird, bis nur noch ein winziger Punkt wahrzunehmen ist, ein Stern unter Sternen. Du bist reines, freies Bewusstsein, eine Lichtquelle im Sternenmeer des Universums.

31
Venusstern

# Die Liebe in dir

Liebe ist die höchste Schwingungsfrequenz, der höchste Bewusstseinszustand, den wir Menschen empfinden können. Dauerhaft im Zustand der allumfassenden Liebe zu sein, ist die größte Herausforderung, die sich uns hier auf Erden stellt.

Es ist unsere göttliche Bestimmung und unser Seelenauftrag, die bedingungslose Liebe, die wir im Grunde unseres Wesens bereits sind, in uns aufblühen und lebendig werden zu lassen, sie ans Licht zu bringen und in die Welt zu verströmen. Diese Liebe ist tief in unserem Herzen verankert. Wir müssen lernen, mehr und mehr unsere Herzenergie fließen zu lassen, zu uns selbst, zu unseren Mitmenschen und zu allem Leben.

Liebe und ehre dich selbst, liebe und ehre deine Mitmenschen. Übe dich im bedingungslosen Annehmenkönnen. Siehe in jeder Begegnung mit Menschen und allen lebendigen Wesen eine Gelegenheit, dich mit dem liebenden Gefühl in dir zu verbinden und in Liebe zu üben. Wenn du dich nach Liebe sehnst, dann sei du diese Liebe, die du dir so sehnlichst wünschst. Lass den Christus in dir erwachen!

*Aus dem Quell der Liebe im Herzen Gottes*
*ströme Liebe aus in alle Menschenherzen.*
*Möge Christus wiederkommen auf Erden!*

Djwal Khul

**Anregung zur Meditation:**

Lasse deinen Blick für eine Weile auf dem Venusstern ruhen, mit seinem sanften Rosa der bedingungslosen Liebe und den goldenen Strahlen des Mitgefühls.

Schließe nun deine Augen und lenke deine Wahrnehmung auf dein Herzzentrum. Während deine Aufmerksamkeit auf deinem Herzchakra ruht, vergegenwärtige dir das Gefühl bedingungsloser Liebe und Annahme. Versuche diesen Zustand tatsächlich in dir zu fühlen, entspanne dich, ruhe in deiner Liebesschwingung und sende diese Schwingung zu allen Menschen und allem, was dir am Herzen liegt.

32

Stern der Heilung

# *In der Einheit sein*

Der Stern der Heilung strahlt die himmlischen Heilkräfte von Harmonie und Frieden aus und lässt uns darin die Allgegenwart Gottes wahrnehmen. Er hüllt uns in die heilenden Farben von Violett, Gold und Rosa und gibt uns ein seliges Gefühl tiefen Wohlbefindens; ein Gefühl des Ruhens und Geborgenseins in der Einheit, der Quelle allen Seins.

Die Strahlen der Heilung erinnern uns an unsere eigenen Heilkräfte und Heilfähigkeiten, an die göttliche Heilungsenergie, die ständig in uns und durch uns fließt. Sie ist eine Gabe Gottes, die durch uns wirken kann, wenn wir unser Herz dafür öffnen und inniglich darum bitten.

Der Stern der Heilung spiegelt dir deine Zentriertheit und Ausgeglichenheit, wenn du mit deinem Körper, deiner Seele und deinem Geist in Einklang lebst. Du bist der Schöpfer deines Heilseins, deines Heiligseins. Mit deinen Gedanken, deiner Einstellung und deiner Lebensführung kannst du selbst auf deinen Heilungsprozess einwirken und deinen Körper, als Tempel von Seele und Geist gesund erhalten.

Wenn du bereit bist, alte Wunden zu heilen, wirst du deinen ureigenen Weg zu Gesundheit, innerem Frieden und Heilung finden.

*Sowohl physische wie psychische Krankheit hat ihren Ursprung im Guten, Schönen und Wahren; sie ist nur ein verzerrtes Spiegelbild göttlicher Möglichkeiten. Die gehemmte Seele, die nach vollem Ausdruck eines göttlichen Wesenszuges oder einer inneren geistigen Realität strebt, erzeugt in der Substanz ihrer Hüllen eine Reibungsstelle. Auf diesen Punkt konzentrieren sich die Augen der Persönlichkeit, und das führt zur Krankheit. Die Kunst des Heilers besteht nun darin, die nach unten gerichteten Augen nach oben, auf die Seele, den wahren Heiler innerhalb der Form zu lenken. Dann lenkt das geistige oder dritte Auge die Heilkraft, und alles ist gut.*

Alice A. Bailey

**Anregung zur Meditation:**

Schließe deine Augen, wandere mit deiner Aufmerksamkeit durch deinen Körper, nimm seine Spannungen und Blockaden wahr. Lenke deine Aufmerksamkeit zu deinem Kronenchakra auf der Mitte des Kopfes, bleibe dort zentriert. Siehe deine Krone wie eine geöffnete Schale, die bereit ist zu empfangen. Visualisiere über deinem Kopf ein violettes Licht.

Siehe, wie dieses Licht sanft und langsam durch deine Krone in deinen Körper einströmt und alle Bereiche deines Körpers mit heilender Energie versorgt. Du bist vollkommen eingehüllt in das violette Licht der Heilung.

33

Stern der Vollendung

# *Suche, oh Seele*

Im zarten Blau des Sternenhimmels erscheint die mystische Kabbala, der Baum des Lebens. Die Kabbala als Spiegel des Kosmos und des Menschen ist ein Einweihungsweg, ein Weisheitssystem, das auf altägyptische und hebräische Einweihungstechniken zurückgeht.

Das Grundthema der Kabbala ist unsere Beziehung zu Gott, zur Welt und zu uns selbst; es ist der spirituelle Weg des Wandels, Wachsens und Vollendens, die Meisterung unseres Mensch-Seins im materiellen Leben und die Erkenntnis und Entfaltung unserer Göttlichkeit.

Das Symbol vom Baum des Lebens enthält sämtliche Aspekte und Ebenen des Lebens, die wir durchwandern müssen, um uns zu vervollkommnen. In den zehn Sphären, den Sefirot, offenbaren sich uns diese verschiedenen geistigen Lebensqualitäten, wenn wir bereit sind, dem Energiefluss der 22 transformierenden Pfade zu folgen und uns dem Leben und Gott hinzugeben. Auf dieser bewusstseinserweiternden, erleuchtenden Reise begegnen wir der Tiefe unseres Selbst, unseres wahren, ewigen, göttlichen Wesenskerns.

Fühlst du dich von der Schönheit, Harmonie und Balanciertheit des Sterns der Vollendung tief in deinem Herzen berührt, dann ist es vielleicht an der Zeit, dich eingehender mit diesem heiligen Urbild allen Seins und Lebens zu befassen und einzutauchen in die allumfassende mystische Lehre der Kabbala.

*Suche, oh Seele, den Ewigen,*
*dass Er erwachen möge in deinem Herzen,*
*denn du bist der Tempel des lebendigen Gottes,*
*und Er Selbst wohnt in dir*
*als dein eigenes, ewiges Ich.*

Heinrich Elijah Benedikt

**Anregung zur Meditation:**

Gehe in die Natur, suche dir einen Ort der Harmonie und Stille. Schließe deine Augen und spüre nach innen. Lasse die Gedanken ziehen, halte sie nicht fest. Lausche nach außen, lausche nach innen. Beobachte deinen Atem. Beobachte einfach nur. Visualisiere vor deinem Inneren Auge den Buddha oder dein Christusbild. Tauche ein in diese Vision und vereinige dich mit ihr. Sieh deine Buddhanatur, sieh den Christus in dir. Ruhe in deinem Sein.

34

Sternenkind

# *Das magische Kind*

Dieser Stern begleitet uns auf eine innere Reise – sie führt uns zu dem wunderbaren, strahlenden, ekstatischen, empfindsamen und weisen Kind, das wir waren, als wir in diese Welt hineingeboren wurden.

Das Sternenkind weckt die Erinnerung an die wahren, göttlichen Wesensqualitäten, die wir alle in uns tragen und in uns vereinen: unsere Reinheit, Natürlichkeit und Unschuld, unser kindliches Vertrauen, unser freudvolles Sein und unsere uneingeschränkte Liebesfähigkeit.

Sind wir offen und bereit, Bilder aus unserer Kindheit in uns aufsteigen zu lassen, so sind wir unweigerlich auch in Berührung mit den unendlich vielen, schmerzvollen Erfahrungen, in denen wir die essentiellen Qualitäten unserer wahren Natur vermeintlich verloren haben.

Wir sind dabei gefühlsmäßig verbunden mit Situationen und Ereignissen, in denen unsere vitalen, kraftvollen Lebensenergien, unsere Freude und Lebenslust, unsere Sexualität, unsere Gefühle von Wut und Trauer, unsere Phantasie und Kreativität, ja sogar unsere Verbindung mit der geistigen Welt, unterdrückt wurden; unser Vertrauen wurde missbraucht, Angst, Scham- und Schuldgefühle und ein Gefühl der Wertlosigkeit breiteten sich in uns aus. Doch wisse:

*Du bist immer noch so rein wie zu dem Zeitpunkt,*
*als du aus dem Herzen Gottes ins Leben getreten bist.*
*Dein strahlendes Selbst ist nie von deinen dunklen*
*Erfahrungen auf Erden berührt oder beschmutzt worden.*

Alan Cohen

Das Sternenkind strahlt für dich. Es segnet dich und behütet dich, einem Schutzengel gleich. Es wünscht dir aus tiefstem Mitgefühl, dass du all deine Wunden heilen kannst und frei wirst von den Verletzungen der Vergangenheit, und die göttlichen Eigenschaften und Fähigkeiten wiederentdeckst, die dein wahres Wesen ausmachen. Lasse Licht, Liebe und Freude wieder dein Leben erfüllen, entwickle wieder Vertrauen, Zuversicht und Verletzlichkeit und finde zurück zu Wahrhaftigkeit, Authentizität und zu deinem Wissen um deinen Wert.

Du bist ein Kind Gottes und du wirst unendlich geliebt.

*So wie die Sterne am Himmel,*
*als Repräsentanten des „Ewig Einen" glühen,*
*so sind auch wir, als irdische Lichter,*
*vollkommene Wesen, die zur Göttlichkeit erblühen.*

Irmgard Fischer

35

Stern der Intuition

# *Beobachte, öffne dich deinen Eingebungen*

Das Licht im Zentrum dieses Sterns verbindet uns mit dem dritten Auge, dem sechsten Chakra, das sich zwischen den Augenbrauen in der Mitte der Stirn befindet. Das dritte Auge ist das Energiezentrum der bewussten Wahrnehmung. Alle unsere Bewusstwerdungsprozesse finden hier statt. Wenn wir im dritten Auge zentriert sind, werden wir zum Beobachter. Wir können zum Beispiel unsere Gedanken sehen und sind nicht mehr mit ihnen identifiziert. Im dritten Auge sind die feinen Dimensionen des Verstandes, der höheren Geisteskräfte und der Intuition verankert. Das dritte Auge befähigt uns zur bewussten Wahrnehmung des Seins, es befähigt uns, die Wirklichkeit wahrhaftig zu sehen, sozusagen hinter den Schleier zu schauen.

Mit der Öffnung deines dritten Auges wirst du zu einer Antenne, die Gedankenschwingungen und Ideen aus dem morphogenetischen Feld empfängt, das alle Menschen miteinander verbindet und alles Wissen, alle Gedanken in unmanifester Form enthält. Mit deiner Intuition und visionären Vorstellung wirst du fähig, das Empfangene hier auf Erden zu verwirklichen. In der Ausdehnung deines Bewusstseins erhältst du mehr und mehr Zugang zu den feinstofflichen Ebenen, das Wissen kommt intuitiv zu dir, durch Hellsehen, Hellhören, Hellfühlen.

Lasse dich mehr und mehr von deinem intuitiven Gefühl leiten.

*Intuition ist ein Ausdruck des Seelenlichts. Wir sprechen von Intuition, wenn das von der Seele inspirierte Denkvermögen einen bestimmten Aspekt der Wahrheit erkannt hat, der aus der Welt der Ideen herrührt. Die Wahrheiten sind auf den höheren Ebenen immer gegenwärtig, bleiben jedoch für den gewöhnlichen Menschen, der durch die Welt der Emotionen, Wünsche und physischen Manifestationen geblendet ist, unerkannt.*

Aart Jurriaanse

**Anregung zur Meditation:**

Diese Meditation unterstützt die Öffnung des dritten Auges.

Setze dich aufrecht hin, schließe deine Augen und lenke deine Aufmerksamkeit auf dein drittes Auge, indem du deinen inneren Blick nach oben zum dritten Auge richtest. Erfühle den Punkt zwischen den Augenbrauen. Atme durch die Nase ein und bringe die Atemessenz, das Prana, zum dritten Auge. Was auch immer du wahrnimmst, lasse es einfach da sein, beobachte nur. Bleibe mit deiner Bewusstheit so lange dort, wie es sich für dich gut anfühlt.

# *Schaue nach innen, beobachte*

Der Stern der Meditation lädt uns zu einer inneren Reise ein, die uns tiefer und tiefer zu unserem Wesenskern führt. Auf diesem inneren Weg erhalten wir mehr und mehr Einblicke in unser wahres Selbst; wir erkennen alle Anteile unserer Persönlichkeit und erfahren all die wunderbaren essentiellen Aspekte und Qualitäten unserer wahren Natur: Stille, Frieden, Harmonie, Schönheit, Liebe, Mitgefühl, Freude, Freiheit, Erleuchtung.

Meditieren bedeutet, unsere Energie, unsere Aufmerksamkeit bewusst nach innen zu lenken und in den Raum des Augenblicks, des Hier und Jetzt zu kommen. Unsere Persönlichkeit, das Stimmengewirr unseres Verstandes und unsere Emotionen kommen zur Ruhe. Wir beobachten urteilsfrei alles, was geschieht, nehmen wahr, wie unsere Gedanken kommen und gehen und werden still.

*Meditation ist einfach eine Frage von Sein ... Du sitzt einfach ganz ruhig, dein Körper still, deine Sprache schweigend, dein Geist entspannt, und du erlaubst Gedanken zu kommen und zu gehen, ohne sie festzuhalten. Wenn du zur Unterstützung etwas brauchst, worauf du dich konzentrieren kannst, so beobachte einfach deinen Atem. Wenn du ausatmest, sei dir bewusst, dass du ausatmest; wenn du einatmest, sei dir bewusst, dass du einatmest – ohne einen zusätzlichen Kommentar dazu abzugeben, ohne Analysieren oder inneres geistiges Geschwätz.*

Sogyal Rinpoche

*Meditation ist deine innerste Natur – das bist du. Sie ist dein Wesen. Sie hat nichts mit deinem Tun zu tun. Du kannst sie nicht besitzen, du kannst sie nicht* nicht *besitzen, sie kann nicht besessen werden, sie ist nicht ein Ding. Sie ist du – dein Wesen.*

Osho

**Anregung zur Meditation:**

Es gibt unendlich viele Meditationstechniken, die dich auf deinem Weg nach innen unterstützen können. Lerne sie kennen und finde heraus, welche dich am meisten anzieht. Praktiziere sie solange, wie sie dir Spaß macht. Suche dir eine andere Methode, wenn du Lust auf Veränderung hast. Probiere einfach aus!

37

Stern des Gebets

# *Lasset uns beten*

Die Kraft des Gebets erwächst aus unserem tiefen Glauben an die eine Quelle, aus unserer Liebe und Hingabe an Gott und unserem Wissen um unsere göttliche Herkunft. Wenn wir aus tiefstem Herzen und tiefster Seele Gott anrufen, kann unser Gebet ein innigliches Zwiegespräch zwischen uns und Gott sein, ein nährender, erfüllender Augenblick in unserem täglichen Leben. Wir bitten für uns selbst, für unsere Familie, für Freunde, unsere Erde, alles Leben in allen Welten, und indem wir das, wofür wir bitten, zutiefst fühlen, erhält unser Gebet Kraft, Stärke und Lebendigkeit.

In seinem sanften Leuchten erinnert dich der Stern des Gebets auf liebevolle Weise an diesen heiligen Moment, wo du dein Innerstes öffnen und dich mit Gott und seinen himmlischen Helfern inniglich verbinden kannst.

*Jedes Mal, wenn wir individuell beten, müssen wir unser Gebet fühlen.*

*Wenn wir beten, fühlen wir im Namen aller Wesen, überall.*

*Wir alle sind Ausdruck eines Lebens.*

*Egal wo wir sind, unsere Gebete werden von allen gehört.*
*Wir sind alle ein und dasselbe.*

(aus: Der Jesaya-Effekt, Worte eines Abtes, zitiert von Gregg Braden)

**Anregung zur Meditation:**

Auch Beten ist Meditation; vielleicht ist jetzt Raum und Zeit für dein Gebet?

Setz dich aufrecht hin, schließe deine Augen. Nimm einige tiefe Atemzüge in dein Herz hinein und lass dein Gebet aus deinem Inneren aufsteigen. Fühle zutiefst, um was du bitten oder wofür du danken möchtest. Richte dein Bewusstsein auf Gott aus und sei dir deiner göttlichen Natur bewusst. Beginne ein innigliches, von Herzen kommendes Gespräch mit deinem Schöpfer und fühle das, wofür du betest, weiterhin in deinem Herzensraum. Während du betest, bleibe fest in dem Vertrauen, dass dein Gebet erhört wird. Amen.

38

Stern des Wissens

# *Wisse wer du bist, wisse um das Leben*

In seiner Struktur ruft der Stern des Wissens eine Erinnerung in uns wach. Wir erkennen den kosmischen Wissensspeicher, der in den geistigen Sphären auf ewig existent ist. In diesem Wissensreservoir sind alle Ereignisse der Vergangenheit aufgezeichnet, die Geschichte unseres Planeten, sogar die Informationen aus den vergangenen Leben eines jeden Menschen. Dieser Speicher, die Akasha-Chronik, trägt den großen Plan für die Weiterentwicklung der Erde und der Menschheit und hält den Zugang zu den universellen Wahrheiten und ewig gültigen Gesetzen für uns offen.

Unser Wissen, das wir durch Lernen erwerben, ist ein theoretisches, ein angenommenes, geglaubtes Wissen. Wir müssen uns selbst vergewissern und unsere eigenen Erfahrungen sammeln, um unserem theoretischen Wissen Substanz zu geben.

Wirkliches Wissen verwandelt dich, transformiert dich; es führt dich zu höheren Seinsebenen, zu einem erweiterten Bewusstsein. Es lässt dich mehr und mehr dein eigenes Leben entdecken. Du weißt jetzt aus persönlicher, existenzieller Erfahrung und bist bereit, dein tiefes inneres Wissen mit anderen zum Wohle des Ganzen zu teilen.

Auf der Suche nach Wahrheit müssen wir uns unserer inneren Welt zuwenden. Wir müssen uns zunehmend „neuem" Wissen und „neuen" Erkenntnissen öffnen, die in dieser neuen Zeit des Wassermannzeitalters verstärkt in uns einströmen.

Sie offenbaren uns „neues“, uraltes, ewig gültiges Weisheits-Wissen, das Wissen um unsere wahre Herkunft, ein Wissen, das wir mit unseren eigenen Erfahrungen überprüfen müssen.

Das ist das Wesentliche, dass wir nicht glauben, sondern durch eigenes Erleben, tief in unserem Inneren wissen.

*Lasst uns keine beliebigen Vermutungen anstellen über die höchsten Dinge.*

*Vielwisserei führt nicht zum Erkennen.*

*Wer nach Gold gräbt, wirft viel Erde auf und findet wenig.*

*Die Grenzen der Seele wirst du nie entdecken,*

*und folgest du auch allen Straßen der Welt – so tief ist ihr Sinn.*

Heraklit

39

Stern des Mitgefühls

# *Vergib und dir wird vergeben*

Mitgefühl ist eine Herzensqualität, die sich in uns ausbreitet, wenn wir uns in der Tiefe kennen gelernt haben und fähig geworden sind, uns selbst mit unseren so genannten negativen Emotionen wie Hass, Wut, Neid, Eifersucht zu lieben. Wir müssen unsere eigene Dunkelheit annehmen, damit wir sie in anderen akzeptieren können. Unsere Selbsterkenntnis erweckt in uns Liebe, Mitgefühl und Barmherzigkeit für alle Wesen, für unsere Mitmenschen, für Tiere und Pflanzen, für alles Leben.

Der Stern des Mitgefühls will dir zeigen, dass du eins bist mit dem anderen. Genau wie du, erfährt er Freude und Leid. Genau wie du, trägt er die göttliche Essenz und die menschlichen Aspekte in sich.

In dem Wissen um dein Einssein mit allem, was ist, beginnt sich das Empfinden von Vergebung und Mitgefühl in deinem Herzen zu regen. Mitgefühl ist nicht etwas, was du tun musst; Mitfühlen ist deine wahre Natur. Mitgefühl ist das Geschenk aller Ereignisse und Erfahrungen deines Lebens, wenn du vergeben kannst und dich mit ihnen versöhnt hast. Du selbst wirst zu Mitgefühl.

*Mitgefühl ist der Ausdruck einer spezifischen Qualität des Denkens, Fühlens und der Emotion: Des Denkens ohne Anhaftung an das Ergebnis, des Fühlens ohne die Verzerrungen der persönlichen Bewertungen und der Emotion ohne Polarität. Die Wissenschaft des Mitgefühls erlaubt es uns, ein Ereignis zu erfahren oder zu beobachten, ohne es als gut oder schlecht zu beurteilen.*

Gregg Braden

**Anregung zur Meditation:**

Setz dich aufrecht hin, schließe deine Augen. Lenke deine Aufmerksamkeit auf dein Herzchakra und nimm einige tiefe Atemzüge. Vergegenwärtige dir den Zustand des Mitgefühls und verbinde dich mit dieser Herzensqualität, nimm deine dir innewohnende Herzensgüte wahr. Während du weiter in dein Herz atmest, fühle, wie ein warmer, liebevoller Energiestrom dein Herz weit macht. Verweile in diesem Gefühl. Erinnere dich an die Menschen, denen Du vergeben willst, siehe Geschehnisse vor dir, die du gerne segnen möchtest und spreche deine Worte des Vergebens und des Segnens laut aus. Wiederhole das so oft, bis dich ein Gefühl des Friedens durchströmt.

40

Stern der Schönheit

# *Siehe tief, entdecke Schönheit überall*

Dieser Stern ist uns ein Spiegel für die Schönheit unseres wahren Wesens. Er zeigt uns die Schönheit und das Licht unserer reinen, leuchtenden Seele. Es ist eine Schönheit, die aus unserem Inneren erblüht und sich in den Seinsqualitäten von Liebe, Sanftmut, Harmonie, Klarheit, Ausgeglichenheit, Zentriertheit und Ausgerichtetsein offenbart. Aus unserer Selbstliebe erwächst unsere echte und natürliche Schönheit. Wenn wir uns selbst in unserer einzigartigen Schönheit sehen und lieben können, werden wir fähig, diese Schönheit auch in anderen zu sehen; wir werden fähig, die äußeren Erscheinungsformen zu durchdringen, hinter den Schleier zu schauen und die verborgene Schönheit und Harmonie in dem wahrzunehmen, was wir sehen, in unseren Mitmenschen und in der Natur, die uns umgibt.

Lerne die Schönheit in dir selbst, deinen Mitmenschen und der Natur wirklich zu sehen. Lasse deine eigene innere Schönheit erblühen und erschaffe Schönheit in deinem Leben. Widme dein Leben dem Wahren, Schönen und Guten. Wie im Himmel so auf Erden.

*Nur ein Mensch, der mit vollkommener Selbsthingabe auf einen Baum oder die Sterne oder das glitzernde Wasser eines Flusses schaut, weiß, was Schönheit ist, und wenn wir wirklich sehen, sind wir in einem Zustand der Liebe.*

Krishnamurti

**Anregung zur Meditation:**

Suche dir einen Ort, wo du dich wohlfühlst, vielleicht in deinem Zuhause, vielleicht in der Natur. Setz dich bequem hin, richte deine Wirbelsäule auf und schließe deine Augen. Lenke deine Aufmerksamkeit nach innen und atme einige Male tief in dein Herz hinein. Beobachte deinen Atem, komme zur Ruhe, besinne dich. Verweile für einige Zeit in diesem Zustand. Öffne deine Augen wieder, lasse deinen Blick auf dem ruhen, was du vor dir siehst, schaue einfach still, ohne Bewertung, ohne Urteil, frei von Zustimmung oder Ablehnung; übe dich in einfachem, wachem, klarem, ruhigem Schauen, gib dich ganz diesem Schauen hin und verweile darin, solange du möchtest.

41

Stern der Lichtwesen

# Du bist das Licht der Welt

Der Stern der Lichtwesen erinnert uns an unsere wahre Herkunft, an unsere göttliche Lichtnatur. Die große Schar der Engel, die Raumbruderschaften, die Aufgestiegenen Meister und Buddhas sind Wesen, die in einer höheren, feinstofflichen Schwingungsfrequenz aus Licht und Liebe existieren. Sie arbeiten gemeinsam daran, das Bewusstsein der Menschheit anzuheben. Auch wir müssen erkennen, dass wir multidimensionale, unendlich große, weite Energiewesen sind. Nur ein kleiner Teil von uns ist zu dieser Zeit hier auf dem Planeten Erde verkörpert, mit der Aufgabe Licht und Liebe, Wissen und Weisheit in unserem menschlichen Dasein zu leben und auszudehnen.

Sieh dich selbst als Lichtwesen. Erhebe dein Antlitz zum Licht Gottes und breite deine Lichtflügel aus. Nimm deine Aufgabe an, das göttliche Licht und die göttliche Liebe in die Welt zu verströmen, um auf diese Weise zur Schwingungserhöhung deiner Mitmenschen und der Erde beizutragen.

*Wir sind Lichtwesen, die in einem endlosen ganzheitlichen Bewusstsein pulsieren. In jedem Moment tanzen wir im Rhythmus der grenzenlosen Kräfte, die in uns und um uns wirksam sind.*

*Jede Form der Interaktion, sei es mit anderen Menschen, mit Tieren, Pflanzen oder sogar Objekten, ist letztendlich ein Zusammentreffen von Schwingungen, ein Austausch von Energien.*

*Wenn die Qualitäten unserer Essenz frei fließen können und ungehindert durch uns hindurch strahlen, wächst die Freude für uns und andere.*

*Leiden entsteht, wenn diese Bewegung gebremst wird, wenn wir den Kontakt zu unserer Essenz verlieren.*

*In dem wir die Welt energetisch zu verstehen lernen, wird das Leben mehr und mehr zum Vergnügen, denn wir sehen unser eigenes Wesen als Licht, wir werden Schöpfer von jedem Augenblick, den wir erleben, in dem wir die Essenz unseres Selbst entfalten.*

*Wir alle befinden uns auf dieser Reise.*

*Sie führt uns zu einem immer tieferen Bewusstsein von dem, was wir eigentlich sind.*

Kabir Jaffe

*Neuer Geist äußert sich in einem neuen Denken.*
*Und neues Denken führt zum neuen Leben!*
*Wo immer ein Mensch sich für neue Gedanken offen hält,*
*sich vom neuen Geist erfüllen lässt,*
*beginnt sein Aufstieg zu den Sternen!*

Prentice Mulford

# *Literaturhinweise und Quellenangaben*


Aivanhov, Omraam Mikhael: Zitat aus Spruchkalender 1997, Buddhistisches Seminar, Katzeneichen 6, 95463 Bindlach

Bailey, Alice A.: „Esoterisches Heilen“, Verlag Association Lucis Trust, Genf 1995, 5. Auflage

Benedikt, Heinrich Elijah: „Die Kabbala als jüdisch-christlicher Einweihungsweg“, Verlag Hermann Bauer KG, Freiburg 1988

Braden, Gregg: „Das Erwachen der neuen Erde“, Hans-Nietsch-Verlag, Freiburg 1999

Braden, Gregg: „Zwischen Himmel und Erde“, Koha Verlag GmbH, Burgrain 2001

Braden, Gregg: „Der Jesaja Effekt“, Koha Verlag GmbH, Burgrain 2001

Chopra, Deepak: „Dein Heilgeheimnis“, Wilhelm Heyne Verlag GmbH & Co. KG, München 1992

Coelho,Paulo: “Der Alchimist“, Diogenes Verlag AG, Zürich 1996

Cohen, Alan zitiert von Gregg Braden in „Das Erwachen der neuen Erde“, Hans- Nietsch-Verlag, Freiburg, 1999

Gerull, Soham Holger: „Sphären des Lichts“, Hans Nietsch Verlag, Freiburg 2002

Gibran, Khalil: „Der Prophet“, Herder-Spektrum Verlag, 2002

Gosztonyi, Alexander: „Die Welt der Reinkarnationslehre“, Windpferd Verlagsgesellschaft mbH, Aitrang 1999

Gosztonyi, Alexander: „Anatomie der Seele“, Windpferd Verlagsgesellschaft mbH, Aitrang 2002

Jaffe, Kabir: Spiritueller Lehrer, Gründer und Präsident des Essence Training Instituts und der International University of Consciousness and Inner Science (IUCIS), Psychologe, Astrologe, Repräsentanz Deutschland: Essence Training Center, Herrnstr. 53, 63065 Offenbach

Jaxon-Bear, Eli: „Die neun Zahlen des Lebens. Das Enneagramm – Charakterfixierung und spirituelles Wachstum", Knaur Esoterik, München 1992

Jurriaanse, Aart: „Philosophie der Synthese", neue aspekte verlag, München 2002

Kenyon, Tom u. Essene, Virginia: „Die Hathor-Zivilisation", Koha Verlag GmbH, Burgrain 2000

Krishnamurti, Jiddu: „Einbruch in die Freiheit", Verlag Ullstein GmbH, 1979

Marion, Jim: „Der Weg zum Christusbewusstsein", Verlag Via Nova, Petersberg 2003

Osho: „Meditation – Die erste und letzte Freiheit", Osho International Foundation, Zürich 1991

Osho: „Das Feuer der Meditation", Osho Verlag GmbH, Köln 2000

Osho: „Die verborgene Harmonie. Vorträge über die Fragmente des Heraklit", Osho Verlag, Köln 2002

Osho: „Mut – Lebe wild und gefährlich", Wilhelm-Heine-Verlag, München 2001, © 1999 by Osho International Foundation

Osswald Susanne u. Schnelting, Karl: „Dein Wille geschehe jetzt!", Govinda-Verlag GmbH, Neuhausen 1998

Rinpoche, Sogyal: „Das Tibetische Buch vom Leben und vom Sterben", O.W. Barth Verlag, München 1994. Zitat aus der Broschüre „Die Praxis der Meditation", Herausgegeben von Rigpa E.V., Paul-Gerhardt-Allee 38, 81245 München

Szekely, Edmond Bordeaux: „Die unbekannten Schriften der Essener", Neue Erde/Lentz, Saarbrücken 2002

Szekely, Edmond Bordeaux: „Die verlorenen Schriftrollen der Essener", Neue Erde/Lentz, Saarbrücken 2002

Szekely, Edmond Bordeaux: „Das Friedensevangelium der Essener", Neue Erde/Lentz, Saarbrücken 2002

Szekely, Edmond Bordeaux: „Die Lehren der Essener. Essener Meditationen", Neue Erde/Lentz, Saarbrücken 2002

Tepperwein, Kurt: „Die geistigen Gesetze", Wilhelm Goldmann Verlag in der Verlagsgruppe Random HOUSE GmbH, München 2002

Thich Nhat Hahn: „Das Wunder der Achtsamkeit", Theseus Verlag AG, Zürich 1988

Trigueirinho: „Das Licht in Dir" Copyright 1996 Jose Trigueirinho Netto, Portugiesische Originalausgabe. EDITORA PENSAMENTO LTDA, Rua Dr. Mario Viceente, 374, 04270-000 Sao Paulo, SP., Brasilien. Deutsche Übersetzung: Eine Gruppe von Freiwilligen, mit . Zustimmung des Autors. Weitere Exemplare Ruth . . Blumenthal, Schipfe 21, CH- 8001 Zürich

White Eagle: „Wunder des Lichts", Aquamarin Verlag, Grafing 1995

White Eagle: „Das Totenbuch. Über den Weg der Seele in die geistigen Welten", Aquamarin Verlag, Grafing 2003

Yogananda, Paramahansa: „Autobiographie eines Yogi", O.W. Barth Verlag, München, 2002. Zitate aus den Kalendern „Spiegelbilder der Seele"; SELF-REALIZATION FELLOWSHIP ASHRAMZENTRUM NÜRNBERG, Laufamholzstr. 369, 90482 Nürnberg. Deutschland

Young, Thomas, Herz-Lehrer, Büro Thomas Young, Fürst-Maximilian-Str. 8, 88353 Kißlegg

# Über die Autoren

**Soham Holger Gerull** wurde am 13. Januar 1954 in Kassel geboren.

Er studierte Freie Kunst an der Gesamthochschule Kassel und ist seit 25 Jahren als freischaffender Künstler tätig.

Keramische Großplastiken, sakrale Gefäße und Objekte standen bis 1990 im Mittelpunkt seines Schaffens. Heute konzentriert sich sein künstlerisches Wirken auf Mandalas, Schwingungsbilder und sakrale Raumgestaltung.

Durch ein tiefgreifendes spirituelles Erleben inspiriert, das ihn bewusst feinstoffliche Energien und deren Heilkräfte erfahren ließ, malt Soham seit 1991 seine Energiekreise und Schwingungsbilder.

In seinen Bildern arbeitet er mit archetypischen Formen und geistigen Symbolen, Erkenntnissen der Farbtherapie, der „göttlichen Proportion" des Goldenen Schnitts und der Wirkkraft der Heiligen Geometrie.

Diese grundlegenden Elemente und ewig gültigen Gesetzmäßigkeiten geben seinen Schwingungsbildern eine kraftvolle Strahlung und Zeitlosigkeit, die auch hier in den Sternenmotiven deutlich sichtbar und fühlbar sind. Gefühl und Geist verbinden sich in diesen meditativen Sternenbildnissen zu einer Einheit. Sie führen den Betrachter in einen heiligen, heilenden Raum der Stille und Andacht, in dem er seine eigene innere Gefühlswelt wahrnehmen kann.

In den Jahren 2001 und 2003 folgte Soham der Einladung zur Teilnahme an der 1. und 2. Internationalen Kunstmesse „Spirituelle Kunst" in Zürich.

Mit den Veröffentlichungen der Kalender **Lichtmanifestationen** 2001, 2002, 2003 im Windpferd-Verlag und seinem Bildband **Sphären des Lichts**, erschienen 2002 im Hans-Nietsch-Verlag, finden seine Kunstwerke heute international Anerkennung.

**Chainan Christa Walther** wurde am 19. Februar 1945 in Frankfurt/M. geboren. Sie ist ausgebildet als Essence-Energie-Trainerin und Aura-Soma-Beraterin.

Ihre spirituelle Suche führte sie 1980 nach Indien. In der Präsenz des erleuchteten Mystikers Osho erfuhr sie eine große Glückseligkeit.

Sie lebte und arbeitete viele Jahre in spirituellen Gemeinschaften in den USA, Indien und Deutschland. In vielseitigen therapeutischen Wachstumsgruppen durchlebte sie tiefe Prozesse der Selbsterkenntnis.

In der langjährigen Erfahrung mit verschiedenen Meditationstechniken und Bewusstseinsarbeit offenbarte sich ihr eine neue Seinsqualität.

Chainan leitet heute Meditationsgruppen und begleitet als spirituelle Lebensberaterin Menschen auf ihrem eigenen, inneren Weg der Erkenntnis.

**Adressen und Bezugsquellen:**

Chainan und Soham leben und arbeiten gemeinsam in
Fulda-Petersberg,
Ludwig-Nüdling-Ring 11,
Tel.: 0661-66293

Und noch eine Anregung:

Wenn einer der Sterne dir als Meditationsbild besonders gut gefällt, so ist es möglich, dieses Sternenbild im Format DIN A3, als nummerierten und signierten Laserausdruck direkt beim Künstler zu bestellen.

Ulrike Hinrichs

## Die großen Erzengel-Karten

**Lichtvolle Helfer aus der geistigen Welt · Botschaften, Meditationen, Affirmationen und Legetechniken · Set mit einem Handbuch und 18 großen Erzengel-Karten**

„Die großen Erzengel-Karten" – ein liebevoll gestaltetes Set, bestehend aus 18 Erzengel-Karten und diesem begleitenden Handbuch. Karten und Text bilden zusammen einen 18-stufigen Einweihungsweg in die Welt des Lichts. Auf diesem Weg wird man von einer Aufgabe hin zur nächsten Gabe geführt, um schließlich mit dem Herzen sehen zu können.
Im Handbuch finden sich kurze Stichworte, die Wesen und Aufgabe des Engels zusammenfassen, zudem ausführliche Beschreibungen der Energie der Erzengel und ihre Botschaften an den Menschen, ergänzt durch Affirmationen und Meditationen.

Set mit 18 Karten und Handbuch mit 112 Seiten · ISBN 3-89395-332-4
www.windpferd.com

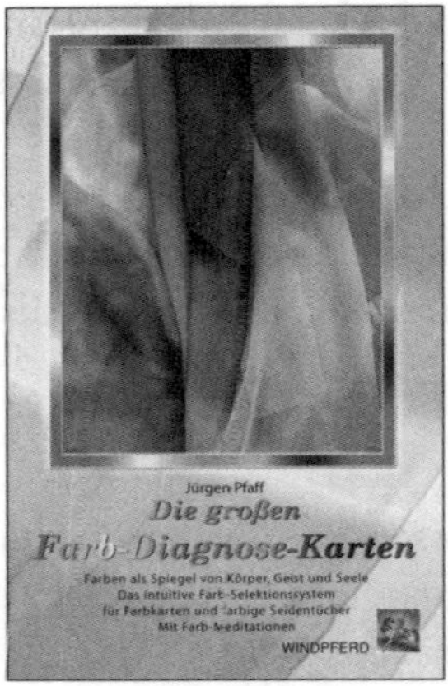


Jürgen Pfaff

## Die großen Farb-Diagnose-Karten

**Farben als Spiegel von Körper, Geist und Seele. Das intuitive Farb-Selektionssystem für Farbkarten und farbige Seidentücher.**

Mit den großen Farb-Diagnose-Karten können wir mehr über uns selbst erfahren. Hier dient die intuitive Wahl einer bestimmten Farbe als Spiegel unseres körperlichen, geistigen und seelischen Befindens. Die Farbe hat eine Botschaft an uns. Mit ihr erfahren wir etwas über unsere aktuelle Situation, über Hindernisse, die unserer Entwicklung noch im Wege stehen, wie wir sie auflösen können und welche neuen Möglichkeiten sich dann für unser ganzheitliches Wohlbefinden ergeben. Die großen Farbkarten dienen zudem als farbige Meditationsvorlage zu den sehr einfühlsamen Meditationen, die der Autor zu jeder Farbe entwickelt hat.

Handbuch mit 112 Seiten und 33 Farbkarten, ISBN 3-89385-349-9
www.windpferd.com